化成整体生命智慧

学思达 I

张辉诚的翻转教学实践

张辉诚 著

北京时代华文书局

图书在版编目（CIP）数据

学思达．Ⅰ，张辉诚的翻转教学实践 / 张辉诚著．-- 北京：北京时代华文书局，2019.3
ISBN 978-7-5699-2958-4

Ⅰ．①学… Ⅱ．①张… Ⅲ．①课堂教学－教学研究 Ⅳ．① G424.21

中国版本图书馆 CIP 数据核字 (2019) 第 033023 号

北京市版权著作权合同登记号　字：01-2019-0151

学思达 I：张辉诚的翻转教学实践

XUESIDA I: ZHANG HUICHENG DE FANZHUAN JIAOXUE SHIJIAN

著　　者｜张辉诚

出 版 人｜王训海
选题策划｜爱智达人
责任编辑｜徐敏峰
装帧设计｜后声工作室
责任印制｜刘　银

出版发行｜北京时代华文书局 http://www.bjsdsj.com.cn
北京市东城区安定门外大街 136 号皇城国际大厦 A 座 8 楼
邮编：100011　电话：010 - 64267955　64267677
印　　刷｜北京环球画中画印刷有限公司 电话 010-63706888
(如发现印装质量问题，请与印刷厂联系调换)
开　　本｜880mm×1230mm　1/32　印　　张｜8　字　　数｜148 千字
版　　次｜2019 年 3 月第 1 版　印　　次｜2019 年 3 月第 1 次印刷
书　　号｜ISBN 978-7-5699-2958-4
定　　价｜48.00 元

谨以此书献给我生命中的三位贵人

先父　张炳荣先生

先师　爱新觉罗·毓鋆先生

祐生研究基金会　林俊兴董事长

——他们为我提供了一个“老师”完整的形象

目录
CONTENTS

辑三 “学思达”教学的回响

推荐序 | 舍我其谁，不信师心唤不回 | 方新舟

2013年底，诚致教育基金会和叶丙成、孙誉真、钟昌宏、郑汉文等几位老师开始筹办“翻转教室工作坊”。我们几位对于如何在数学、生物等课程推动翻转教室比较有把握，但是对于文科，我们就有些心虚，不太确定理工科的方法论是否可以用在文科上。我们知道文科是所有知识的基础，如果找不到讲师能解答文科老师的疑惑，会让老师们失望。同时，这也是我们第一次举办大型活动，压力不小。

直到我去张辉诚老师的教室观看他的语文教学，看到他用“自学、思考、表达”（“学思达”）的教学方法引导学生，看到他的学生在很冷的教室里穿着厚厚的外套，却没有一个人打瞌睡，大家都精神抖擞地参与讨论，而辉诚老师淡定地巡视各个小组，我突然心下

一动，知道我们有救兵了。果然辉诚老师的加入，让“翻转教室工作坊”取得大大的成功，也让我们有信心去办后续的四场，结果后四场场场爆满。加上老师们自己主动在 2014 年 9 月 28 日举办一场 2236 人的研习会，翻转教室，顿时成为老师们最常讨论的话题，也是一次非常成功的由下而上的社会运动。

无论多么忙，辉诚老师每天一定要在 facebook 上写《“学思达”翻转大会报告》，分享捷报如某位老师上传讲义或翻转成功、某位老师开放教室等。在文章末，辉诚老师一定会帮大家打气：“让我们一起来用‘学思达’改变台湾地区教育！”每天看他的电子报都令人兴奋不已，觉得前途一片光明。有时他实在太忙，没时间在周末带他母亲跟儿子出去玩，就会在 facebook 上分享他的亏欠。看到他这么深爱他的家人，却常常跑到各处演讲，心里真不舍，也感恩他的付出。

任何创新都不可能完美无缺。即使像可汗学院这么成功的创新也受到一些质疑。“‘学思达’教学法”也难免受到一些批评。有的说“学思达”只适合精英学校像中山女高，有的说辉诚老师夸大了“学思达”的成效。辉诚老师面对这些批评，都不厌其烦地说明，提醒大家一定要考虑到每间教室的学生、环境跟文化，不能硬推“学思达”。经过他不断地与读者互动，不断地开放教室，不断地演讲（包含到新加坡及大陆等），“学思达”教学法不但被用在文科，也用在数学、自然等科目。“学思达”是台湾地区可以拿到国际舞台引以为傲的创新！

从辉诚老师开始写这本书，我就非常期待。现在书终于出版，我为辉诚老师开心，也为所有读者感到高兴。这本书是辉诚老师这两年经过很多探索、实验、辩正、提升的精华，对于想推广“学思达”或翻转教学的老师，非常实用。辉诚老师是作家，下笔如飞，文章条理分明，浅显易懂。他很费心地挑选部分 facebook 上的对话，收录本书里，期望读者在阅读时，能想象自己教室里会发生的各种状况，然后思考出更好的方案。

第一次在台湾大学听辉诚老师演讲时，我被他的豪气、自信、大愿震慑住了。他那“舍我其谁，不信师心唤不回”的使命感、毅力与决心，深深地烙印在我心上。后来彼此更熟悉后，我才知道塑造辉诚老师的三位贵人：他父亲、毓老师和林董事长。虽然我无缘与他们见面，但衷心感谢他们为台湾地区培养出这么杰出的辉诚老师。我也期许自己能向他们学习，为台湾地区培养更多优秀的人才。

“让我们一起来用‘学思达’改变台湾地区教育！”

（本文作者为财团法人诚致教育基金会董事长）

推荐序 | 台湾地区翻转教育的成功绽现 | 严长寿

如果说2014年，对于台湾地区的翻转教育是一个重要的新纪元，那么2015年，肯定将会是丰收的一年。

近日接连收到两位台湾地区翻转教育重要成员——叶丙成老师及张辉诚老师相继出书的通知与邀序，真是让我喜出望外。2011年，我的著作《教育应该不一样》出版后，平常并不希望过度曝光的我，开始强迫自己从台湾地区头走到台湾地区尾，努力宣传教育革命时代来临的信息。期盼台湾地区教育政策制定者以及家长们，不能再用后照镜来看青年人的未来，而要用探照灯照亮世界发展的远方。尤其在全球大环境的改变下，台湾地区的教育必须从大量复制的代工思维走向一个更加活泼创新、具有独立思考判断能力的新教育模式。

于是，就在一次次地抛头露面、致力宣扬，一次次自以为歇斯底里的声嘶力竭中，我因缘际会地认识了由硅谷返台的方新舟先生。

那一年，方新舟先生亲自到台东探访公益平台，也多次聆听我的演讲，同时更应我的邀请担任了均一中小学的董事。最重要的是，他呼应了我们一致关切的共同主题，那就是台湾地区必须有一个中文版的线上教育平台。接着他做了一个更重大的决定，也就是由他所主导的诚致教育基金会将正式成立“均一教育平台”。这一次的工程由诚致教育基金会领军、公益平台配合进行，方新舟先生彻底发挥自己在高科技产业剑及履及的精神，走向台湾地区所有杰出的教育现场。而张辉诚老师也就在这样的情况下被新舟兄发现，于是双方就此展开了一系列的合作。

同样的，也是在 2014 年 1 月 25 日台大那场“翻转教室工作坊”会场，我同时聆听了张辉诚老师与叶丙成老师的演讲，这才让我真正见识到，台湾地区的教育现场其实并不缺乏拥有教学热忱与方法的老师。尤其张辉诚老师的“学思达”创新教学，早就具备了非常成熟的架构，所欠缺的只是一个能被快速推广的载具，而新舟兄的出现正好解决这个关键性的问题。有了好的载具，再加上好的内容，终于快速地让“学思达”教学法及张辉诚老师成为台湾地区教育界人人皆知的闪亮明星。

张辉诚老师的这本新书，让我们看到一位成功的老师背后所付出的努力，那种全心投入、大胆开创以及无私分享，每一个面向在在都呈现出优秀老师的人格特质。除了张辉诚老师的文字驾驭能力之外，我也特别观察到他的表达技巧，不但幽默地紧扣每一位听者的注意，更能以一个教育者的角度，带着大家深入反省传统教育的缺失。这本著作收录了他个人的独白，也涵盖了过去这一段时间，他与各领域老师互动的许多对话，鼓励所有的老师大胆地尝试，用创意去思考，勇敢地表达。

早已决定专志偏乡学习与教育改革的我，为经常接到来自不同领域的演讲邀约，以及为新书写序推荐而感到烦恼与困扰；但是辉诚老师及丙成老师双双于同一时间出书，对我来说却是一个莫大的惊喜。这样的现象代表了新一代教育精英已经正式登台，也代表了翻转台湾地区教育的契机正在成熟中。在此，衷心地期盼辉诚老师的新书畅销大卖，台湾地区的翻转教育成功绽现！

（本文作者为台东均一中小学董事长、公益平台文化基金会董事长）

自序 | 我的书院、我的梦、我的“学思达”

（一）

严长寿先生在台大翻转工作坊听完我讲“学思达”之后，旋即邀请我再到台东均一中小学，为台东县的老师们做一场演讲。严先生连听两回之后，他握住我的手，说：“辉诚老师，您已经是传教士了！”

到底是什么样的热情与动力让我成为“学思达”的传教士？这一切都要从我小时候开始谈起。

我出生在云林县乡下一个小村庄——葱仔寮，小学一年级才迁往褒忠乡，一直到虎尾高中毕业我都居住在云林。就读褒忠小学时，我从来不知道回家后还要读书，放学后我们乡下小孩就是四处玩，要不就在家帮忙家庭手工，贴补家用。直到就读褒忠中学，我才深切感受到填鸭教育加上小考文化（当然小学也填鸭，但没有每日小考）荼毒的痛苦，经常熬夜应付永远考不完的小考，总是为了明天的考试而痛苦读书，斤斤计较分数和排名……又加上初一、初二导师私下开补习班，对于有补习和没补习的同学有着明显差别待遇（小学老师也是如此，当时风气皆如此，好像也没什么大不了；但我家里穷，根本不可能有钱去补习，所以我从小到大没补习过。这没什么好说的，住在乡下，只要家境清寒，绝大多数都没补习过，非不为也，实无力为之），这样无聊、无奈又痛苦的学校生活，很快让我感觉学校和监狱没什么两样。

等我当了老师，我知道以前我是受害者，如果还重蹈以前老师的教书方式，继承悠久的填鸭教学传统，自己就从受害者变成加害人。我知道不能如此，所以教书第一年，分发至信义中学，即开始着手进行我的创新教学实验。但当时热情有余，经验、能力严重不足，半年过去，班上第一名火速转学到仁爱中学，班级开始失控，第一年实验几乎是以惨败收场。还好，我抽到金门服役，有两年当兵缓冲期，不至于一发不可收拾。退伍后我重新回到信义中学，当时教学风气已经开始松绑，我以前自行编制的讲义、创新教学活动，居然变成大家可以接受，甚至是先进的教学方式和内容。所以教书第二年，我曾两次打开我的教室，邀请同校语文老师来观课，这也是我第一次打开教室。我发现开放教室收获最多的竟然是我，因为我得到很多良好的回馈与建议。

“学思达”真正开始落实到教学现场，是我读博士班时，到世新大学、台师大兼课教授大一语文、文学创作等课，重启实验。前前后后大约七八年，成功之后再复制回高中教学现场，我觉得稳定之后，便开始开放教室，同时四处宣传“学思达”。

“学思达”是我花了十几年创造出来，用来改变台湾地区填鸭教学的利器，同时也是改善监狱般教学现场的可能灵丹。

我一开始就发愿要用十年时光，凭一己之力，愚公移山，改变台湾地区填鸭教育。

（二）

开放教室不久，“学思达”马上出现第一个贵人——均一教育平台董事长方新舟先生。当我还在迷恋愚公移山的浪漫精神时，方先生诚挚邀请我担任 2014 年 1 月“台大翻转工作坊”的主讲人，并且把最重要的主场给了“学思达”，严长寿先生受方先生之邀共同举办，同时就坐在头排聆听，他的后面则是来自全台湾地区两百多位想要改变教学的热情老师。演讲完之后，方先生将演讲过程录像、剪辑、上字幕、放上 Youtube，“学思达”进入急速翻转状态，从我一人四处奔波演讲，变成网络上有分身一起讲。到 2015 年 4 月为止，两个放置点共有 12 万人次观看过。换句话说，是方先生让“学思达”进入快速成长期。不然，“学思达”现在还傻乎乎地在愚公移山。谢谢方先生。

“学思达”进入快速成长期后，我更加确信恩师毓老师的理念。简单地说，我推广“学思达”其实就是实践毓老师上课所教导的一切。毓老师常说：“讲道容易行道难，学问没有作用就不是学问。”所以我是真的让学问产生作用，并且不断扩大影响力！再者，毓老师自办书院，用书院来进行他认为正确的教育方式和教育内容。毓老师的学生大多拥有书院梦，想和老师一样创办书院，实践自己梦想。我也有过这样的梦想，直到有一天忽然想到我何必辛苦去弄一个书院，直接把我的教室当书院就好了啊，我的教室就是我的书院，随时开放教室，就等于随时开放我的书院。

换句话说，我把书院学校化、生活化了，并且让我的书院人气不衰（一年半之间来了全世界三千多位观课老师）、生生不息（“学思达”又让 40 间教室也随时开放了）。最后，“学思达”不是只有教学技术，还有更深的实学和创造。“学思达”不只翻转教与学，同时还要翻转单纯解惑的教学，直探更深广的传道与授业。如何办到？毓老师坚持 60 年用依经解经、口传微言大义来完成，“学思达”则用丰富多元的文章、讲义和层层递进的问答题以及师生对话激荡来完成。这是毓老师灌输给我作为一个读书人应该有的责任感、使命感和魄力，我才有这个气魄出来承担、出来推广“学思达”。

而我有气魄还不够，还需要能力，我的能力绝大部分都是祐生研究基金会林俊兴董事长花了 20 年，不断用资源、用钱、办读书会、给舞台、提供机会，训练出来的。林董希望我们不要盲目复制西方模式，要创造自己的东西，甚至让西方来追随。他认为所有成功的事务都必须拥有“秩序、复制、精进”(“学思达”的实践和推广过程就是遵循这三个原则);他要我们成功后就回馈给台湾地区，不用回馈他。他一直告诉我们一个人生命中会遇到三个贵人，贵人会改变我们的命运，要好好掌握生命中的贵人。

有一天晚上，祐生研究基金会读书会结束之后，我向林董事长说：“从小到大，希望我成材、训练我成材的只有三个人：一个是我父亲、一个是毓老师、一个就是您。学校的老师几乎都只希望我安分不作怪、分数高、考上好学校就好了。”林董事长很谦逊地说：“是你自己很努力！”

毓老师和林董事长是我生命中的贵人，如果要我准确地描述林董事长在我生命中的重要性，我会说，他就像是我第二个父亲一样；而毓老师则是生命中的严师。

可以这样说：没有先父、毓老师、林董事长，就不会有“学思达”；没有方新舟先生，就不会有今天的“学思达”风潮。

(三)

这一年半，我经常四处奔波，常常歪倒在高铁上；但是想到会有一个又一个老师因“学思达”而重新点燃教学热忱，我每天几乎都处在亢奋状态，恨不得每天东西南北到处讲，一点都不觉得累。当然，牺牲掉的就是我的阿母、妻儿，他们常常盼望假日到来，盼望我能带他们四处游玩；让他们的期待一再落空，我感到抱歉。——“学思达”的成功是建立在他们的牺牲与体谅之上。感谢他们！

最后还要感谢叶帅叶丙成。我常跟他说，他是翻转教室圈的门神、大法王、掌门人，他在台大教书，又得到全球创新教学奖第一名（打败哈佛等几百所世界一流大学团队）。他的出现、积极投入以及杰出表现，让学院内的杂音变得轻细幽微。他的保证马上让中小学的老师得到鼓励与信心，他一将当关，万夫莫敌。我有幸跟着他一起参加了东西南北中五场翻转工作坊，两次同到新加坡演讲翻转（同行还有优秀的均一教育平台执行长吕冠纬），一次创下全台纪录2236位老师自主参与研习的演讲，我从他身上学到太多太多，他是可敬的益友，也是难得且合作无间的伙伴。

（四）

“学思达”要推广十年（我预期十年后，“学思达”会进入自动运行的状态），这只是刚开始的一年半。我也期待透过“‘学思达’教学”能让台湾地区变成全世界第一个大量随时开放教室的教育先进地区，甚至影响全世界！能不能办到？我们一起来努力看看。

辑一

我的『学思达』历程

01

成长

一个爱讲话小孩的绝地大反击

这一切的最开始，很可能就只是一个爱讲话的小孩在填鸭式教育环境里备受压抑十几年之后，做出了最后的绝地大反击。

我从小就是个爱讲话的小孩。但是台湾地区的课堂，几乎不让学生在课堂上有讲话机会。

学校不能讲话，在家里我也不能讲话。我的父亲非常严厉，只对我训话，从不曾听过我内心的声音（当然一人随军来台的父亲，也不曾有人倾听过他内心的声音）；我阿母则是难以理喻，已经离我的心灵非常遥远（这也不能怪我阿母，这是上天的安排）。当时，父母总是吵架，兄姊很早离家外出半工半读，我和父母的代沟就像乡间河道两头，我在此岸，父母在彼岸。从我懂事以来，我就常常一个人默默做着自己的事，一个人自己玩桌球，一个人玩筷子神功，一个人在床铺上练习后空翻，一个人演布袋戏，一个人玩电子游戏机，一个人射飞镖，一个人在学校被同学捉弄，还有曾割破了父亲新买给我的卡其裤，一个人在学校因无妄之灾被老师掴脸……没有人聆听我诉说内心的苦闷，除了我们家养的狗，小白。更糟的是，几年后唯一能听我诉说心事的小白，竟被疾驶而来的轿车辗过，当场一命呜呼，父亲不知用什么方法把它处理掉了，我连见小白最后一面的机会都没有。

因言贾祸，老师“降龙十八掌”伺候

小学六年级时，导师请假，来了一位女代课老师，大约五十岁上下，浓妆艳抹，花枝招展（在乡下只能用“奇迹”来形容），穿着高跟鞋，一跛一跛地走进教室，开口便嗲声嗲气地问：“你们这里有没有石头？”应该是她的高跟鞋出了问题，需要石头来修理，当时我不知哪里来的调皮劲，居然嗲声嗲气模仿女老师的口吻回答：“我们这里没有石头！”没想到女老师勃然大怒，命我出来，然后我就遭遇了生平首次的“降龙十八掌”，女老师用手掌、手背在我的脸颊上急速连番来去，掌得我头昏眼花、左右摇晃。

好不容易，像过了一世纪那么久才掴完了脸，女老师终于停住手。我原以为事情就要过去，云散天青，雨过日出，但女老师还怒不可遏，威胁着说要告诉我爸。我心头一沉，惊惶不安，因为我害怕父亲严厉的皮带抽打远远超过女老师的“降龙十八掌”，这样的威胁对我简直就是身心双重打击。当然这整件事可以说是我活该，谁叫我爱调皮模仿。但是，请大家再仔细想一想，这真的是我求学生涯中难得出现的一次机会，终于有老师主动询问学生问题，而我是那么爱讲话，面对这么一次难能可贵可以光明正大讲话的机会，而我又知道答案，我岂能轻易放过？错就只错在我完全缺乏公开讲话的经验与训练，从来没有人教过我应该怎样表达才算得体、合宜，我只能顺着搞笑天性，兴奋地直接表达了，结果就付出这么惨重的代价！大家获悉详情，更应该哀矜而勿喜了！

第二次被打更冤枉。升上初中一年级，头一回上体育课，全班在操场边整队，闹哄哄，女体育老师一来，没想到我居然又被指到，叫出来，女老师又是对我一巴掌（奇怪，我有这么欠揍吗），杀鸡儆猴，全班马上静悄悄，我的嘴巴和心灵从此之后也跟着静悄悄了。我开始压抑自己，我这样一个爱讲话的小孩，从小学到高中压抑了十二年，但是心里的声音一直呐喊着：为什么台湾地区的学校的课堂上，学生不能讲话呢？

这也是为什么“学思达”这么强调“表达”的远因，感觉好像是在帮小时候的我出气，或者说是想帮小时候的我找到一个更好的学习环境，更适合原本就爱讲话、可以讲话的友善学习环境。如果说以前上课不能讲话的我是受害者，但现在我已经变成老师，我也不让学生讲话，我岂不是和以前的老师一样，居然成了迫害学生的加害者。这点但不是乱讲，而是建立在丰富的知识基础上，经过深思熟虑，最后大方、得体、准确地讲出自己的见解。

苦读自学，以满足“错误期待”

另外，“学思达”之所以强调“自学”，其实和我就读大学时的独特身份有关。

高中毕业后，我因为语文资赋优异，幸运地被保送第一志愿师大中文系就读。开学之后，大家都觉得资优生比较厉害，但实际上我只是一个平凡的乡下高中生，也许对中文比较有兴趣些（显然比对低成就的数学有兴趣太多了），又在资赋鉴定考试之前猛啃了一些智力测验、多背了几篇文章，顺利在学校评比、全台中区鉴定以及随后的全台师大总竞试中脱颖而出，保送师大中文系。在师大拥有资优生身份，不但每学期能有一万元（新台币）奖学金，还会有一名教授指导如何写作论文。因此，无论有意无意，老师、同学都对资优生另眼相待，资优生的头衔以及随之而来的压力如影随形地跟着我四年。但我只是一个平凡乡下高中生，我能够做的就是符合别人对我的“错误期待”，所以我几乎每天苦读。四年苦读下来的结果不仅培养了我“自学”的能力，毕业时还获得“师大杰出学生”荣誉，这个荣誉当年只有四个，而我是四个学生中唯一一个大学生。

大学毕业之后，我终于深刻领悟到，我所学到的各种知识都有可能随着时间的流逝而遗忘殆尽，可是唯有自学能力是一辈子都不会忘记。换句话说，自学能力才是真正能够带得走的能力。

我回想小学、初中、高中的求学经验，所谓的学习好像就只是倾尽全力要把整本课本都背起来似的，上课一直画红线、蓝线、黄线，把这个圈起来、那个画起来，一背再背、一考再考，围绕着破碎的阅读、琐碎的记忆，至于真正有用的知识完全无感，真正有用的能力完全忽略。老师没有时间、没有兴致也没有能力提供各种知识形成的过程，只希望很快告诉学生结果和答案，因为考试要及时应付，因为时间实在太赶，学校没有那么多时间。老师希望学生很快就学会，很快就能应付考试，只要得到高分，只要能考上好学校，现在学会就行了，上了好学校，全部忘光也没关系，有没有能力也不重要。——更可怕的是，这一切都在默默之中、安静之中完成，因为老师不准学生上课讲话。

“学思达”就是我在教学现场多年实验出来的新教学方法，之所以急着想要改变这种僵化，甚至是错误的学习样貌，在于我认为真正的学习其实非常严肃，也非常活泼。虽然严肃，但是学生不会觉得折磨；虽然活泼，但是学生深刻学习。何以能够如此？因为学生真正拥有自主学习，上课可以动口、动手、动脑、动身体，可以自学、合作、讨论、沟通、发表、聆听，学生所有的能力都展现在严肃又活泼的学习样貌当中。真正从学习本身得到喜乐、得到成长、得到满足、得到成就，学生专注在学习本身，不用多余的活动，不是把学习当作点缀品，更不是把学习包装在许多看起来光鲜、亮丽、活泼生动、很有趣的活动的外围，“学思达”做到的就是：扎实的、严肃的、深刻的、探索的、思考式的有效学习。

02

蜕变

我生命中的三位贵人

我想先来回顾自己生命中曾出现过的“珍贵老师”，他们深刻影响了我一辈子，而我感激他们一辈子。

珍贵老师分别是：我的父亲张炳荣先生、我的书院老师清朝礼亲王裔孙爱新觉罗·毓鋆先生、祐生研究基金会林俊兴董事长。他们真正为我提供了一个“老师”完整的形象。第一，老师应该是学生一辈子相互砥砺的人；第二，老师要竭尽所能栽培学生；第三，老师要帮学生培养出一辈子能带得走的能力；第四，老师要让学生看清楚未来的样子，学生看不到，老师要帮他看到。如果有能力，还要帮学生把前面的迷雾打开，让学生知道自己生命的意义与责任。

我的父亲——生命的学问

我的父亲只有小学肄业，小学还没读毕业，就被转行经商的中医师父亲叫回家，掌管一处店铺。因此在书香传家的张家里头是极少数没有读很多书的成员。时代动荡，我的父亲被国民党强制征兵而从军，随着军队辗转来到台湾地区，最后意识到可能回不到大陆了，便经人介绍和我阿母结婚，有了自己的家庭。

我上高中之前，若不小心犯下“滔天恶行”，父亲一定喝令我跪在电视机前，好生反省一个钟头，然后再处以牛皮裤带抽打屁股。若是犯上不大不小的过错，父亲则必定责令罚站书桌旁，逐字大声朗诵墙上书法作品：朱柏庐《治家格言》，开头便说：“黎明即起，洒扫庭除，要内外整洁；既昏便息，关锁门户，必亲自检点。一粥一饭，当思来处不易；半丝半缕，恒念物力维艰。宜未雨而绸缪，毋临渴而掘井……”若在二楼犯错，则被罚站在祖龛边的另一幅书法前：《礼记·礼运篇》：“大道之行也，天下为公，选贤与能，讲信修睦……”等我稍稍懂事之后，才知道《治家格言》一文乃专讲诚意、正心、修身、齐家之道，《礼运篇》专论治国、平天下之法。原来父亲矫正我偏差行为时，在一楼用的内省之道，二楼则是外达之理，仿佛就在许许多多不大不小的过错当中，借由朗诵而潜移默化我大学之道——“在明明德，在亲民，在止于至善”，成为一个有文化道德视野的人。

我的父亲也喜欢自铸新语来开导我。我小时候赖床，父亲便教训：“孔老夫子说‘一日之计在于晨’，大好时光，都教你给贪睡糟蹋完了！”父亲日常生活极为节俭，经常训我：“孔老夫子说：‘大富由天，小富由俭。’这些小东西丢了浪费，总有派上用场的一天。”父亲絮叨孔老夫子的话还不过瘾，更笔之于纸，贴在墙上，要我每日记诵，权充家训。最常对我说的一段话是：“你以后最好当医师或者当老师，不要像我一辈子辛苦。当医生也好，当老师也好，都必须具备孔老夫子说的‘三心’，是哪三心呢？就是爱心、耐心和恒心。没有爱心，怎能将心比心地善待病人或学生呢？没有耐心，怎能坚持好的医疗品质或教学品质呢？没有恒心，又怎能坚持自己济人或教育理想，并且有始有终呢？”

父亲喜欢挂在嘴边上，对着我唠叨的另一段话，我终于找到机会把它放进初中作文比赛里，题目是“反省为修身之本”，还得了首奖。语文老师事后找我谈话：“写得不错，只是刚开头引用孔子说：‘吾日三省吾身。’解释成早上、中午、晚上各反省一次，你是从哪里读到的？”我回答说是我爸教我的。陈老师说：“令尊记错了，这不是孔子说的，而是曾子。‘吾日三省吾身’也不是每天反省三次，而是利用三件事来反省自己，原文应当是：‘为人谋而不忠乎？与朋友交而不信乎？传不习乎？’”原来我父亲都是随心所欲剪裁佳句，统统归给孔老夫子去讲，因为孔老夫子讲的话，郑重、权威、有根有据、有道理。

就连我高中毕业后，获保送台湾师大中文系，还捞到资优生头衔，父亲乐不可支，直说“咱们张家第一个博士又近了一步”。临上台北之前，还不断对我耳提面命：“成功的果实固然甘美，但要保持住极难，孔老夫子说：‘人而无恒，难矣哉！’切记！切记！”没错，孔老夫子是说过这些话，但其实分别出自不同篇章，“人而无恒”出自《子路篇》，“难矣哉”出自《阳货篇》，父亲自行拼凑在一块，反正父亲认为可以当作人生箴言，便无有不可。

父亲过世之后，偶尔我翻读《四书》，常常看得又笑又泪——笑父亲没记性，把孔老夫子的话东截西补，前剪后裁，给修成另一段话；泪父亲用心良苦，一句又一句孔老夫子说的，给我生命多少高标可供追寻。

我从小就感受到父亲的威严，他总是用孔老夫子的话来训我，虽然长大后我才知道很多是他自己拼凑出来，但他所说的话跟我在学校所学有很大不同。他是第一个真正教我生命学问的人，他告诉我做人应该要怎么做才对、做事应该要怎样做才对，他生我、养我、育我、爱我，更提供我作为一个人该有的样型、该有的想望、该有的标准，然后对此絮絮叨叨再三叮咛，始终不变。

他或许有时不通情理、有时过于严苛、有时又专制独裁、有时又爱唠叨，但更多时候，他流露出许多惊人的美德，他坚强、勇敢、充满智慧、择善固执、勤俭、孝顺、刻苦耐劳、待人良善……在他身上，早就自成圆足模范，我根本无须外求。虽然他教给我的这些都不会考，但我觉得这才是我一辈子有用的东西。

林俊兴董事长——无私奉献，为国举才

也许很多人会纳闷，“学思达”和张辉诚好像突然蹦出来一样，而且以无比自信之姿登场，速度之快，影响之广，匪夷所思。其实不是的，我从大学三年级（1994 年），因缘际会开始接受祐生研究基金会的栽培，时间长达 20 年，栽培的费用高达数百万。

我读师大时，因为家境清寒，常常会去申请奖学金、参加论文比赛或参加文学奖。大三那年，在注册组前的公布栏，看到一张奖学金申请书，条件严格，成绩要全系前 5%，申请通过后，还要再写一篇学科索引书，才可以得到奖学金一万五千元。我大学成绩很好，

申请顺利通过，写完索引书之后，也顺利拿到奖学金。一般情况是领得奖学金，一切就结束了，但这个基金会很特别，之后每个月还会寄一张通知来，信上注明下个月几月几日在晶华酒店四楼某个可以容纳五六十人的包厢里，邀请你来吃一顿免费自助餐，同时还能聆听一位专业杰出人士的演讲。

当时我读师大，很穷，从未吃过五星级 buffet（自助餐），所以每个月都去吃免费的自助餐，吃了几个月之后，就开始觉得怪怪的，这该不会是一个奇怪组织吧？不然就是宗教团体？可又觉得自助餐很好吃，每个月还是抱着疑惑的心情继续吃，当然也听了很多杰出专业人士的演讲，开拓不少视野。听了一两年之后，董事长终于出现了，董事长说："这是难得机缘（你看，像宗教团体吧？结果不是），你们是台湾地区下一代杰出的年轻人，我要好好栽培你们，你们要有'知识、见识跟胆识'，没有'见识'的话，就先去外面看看全世界。"于是他订出一个九年免费环游全世界的计划，我退伍之后，就跟着祐生考察团去了南美洲、东南亚、非洲、北欧，九年的时间可以免费环游全世界，每次旅途还提供一万五千元的零用钱，回来写个报告，不论好坏，再提供一万元稿费。在海外时，都吃最好的餐厅、住最好的饭店，看全世界最顶尖的东西。董事长希望团员认真观察，想想台湾地区缺什么，以后你们可以帮助台湾地区什么。（有一年非典流行，考察团就改成在环岛旅行，这是我生平第一次住涵碧楼。）

九年过去了，董事长又说："你们以后要成为精英，想要领导台湾地区、改变台湾地区，你们就要有知识，你们拥有的只是专业本科知识，你们还需要具备通识能力，所以每个人都要再读三千本书，你们没有那么多时间读，我来帮你们完成。"所以董事长就办了一个读书会，这个读书会是全台湾地区最惊人的，从1999年一直到现在，持续了16年还在办，每周三场（周二、四，晚上七点到九点；周六下午四点到六点），基金会成员有五六百个不同科目的精英学生，董事长让每位成员报告专业领域中最新或最有价值的书。每场读书会由两位成员各报告一本书的精华内容，董事长和秘书长几乎每场都亲自出席，由秘书长主持，成员报告完之后，进行问答，最后再由董事长总结。董事长的总结常从领导者的高度来评论书中内容，不仅让我大开眼界，视野与胸襟亦随之开阔、增广。

董事长为了激励成员，凡是报告书籍者，每人发赠报告费五千元（现改为四千元，报告时间只有30分钟），凡是来现场参与读书会者，每本可累积一点（在家自行看网络的读书会录像者，也可计入点数——请特别注意这件事，祐生基金会16年前就"翻转教室"了，看看董事长的远见），累积点数达150点，颁赠0.5两黄金，450点就1.5两，900点就4.5两，1500点就9两，3000点就15两，我至今共得到 15 两黄金，报告过了近百本书（学到简报、得体表达、归纳书中重点、提出价值、连接真实生活的能力），听了两千多本书。我当时的粗浅感想就是，没想到有这么好的事情，听人报告书还有黄金拿。其实林董事长是用正向奖励的方式来鼓励我们读书、帮我们累积学识，他看得很远，他要的是栽培台湾地区的下一代。

林董事长还希望我们有胆识，于是把有研究专长能力的成员，派入各种研究未来人类生活的组别，提供高额研究经费，更找来专业教授一起合作、指导。我也曾被赋予考察全台湾地区各地最优秀的十个社区营造乡镇自发组织，最后在一群不同公司的董事长们（林董事长所属扶轮社会员）面前简报，这是我人生第一次公开正式简报，听众就是重量级的董事长群。简报顺利完成，从此之后，我就再也不畏惧任何场合演讲了。

大四时，我已经在慈济讲堂上，代表全台佛学论文奖学金得奖者致辞演讲（我因家贫而到处申请奖学金，能上台乃因得到全台论文首奖），底下最前排居中的听众就是证严法师。所以当台大翻转工作坊，底下有两位显眼的听众，一位是一直提倡与支持台湾地区良善行动力改变的严长寿先生、一位是主办的最重要推手诚致教育基金会方新舟董事长，而排在我前面演讲的是口才绝佳、声势如日中天的叶丙成教授，我只是一个默默无闻者，没有人知道我的能耐如何。但是，唯有林董知道，他长期训练出的人，已经可以独当一面了，因为他专注栽培我们二十年了！

董事长后来告诉成员：“我栽培你们是要你们成材，我们家之所以发迹也是别人帮忙，你们成材之后，不用报答我，你们就去帮助台湾。”所以，我常说我这样看起来有点优秀的人才（我不是资优生吗），居然还要接受二十年栽培才终于成材了，才终于有一点点样子、有一点点能力可以为台湾地区奉献，所以前一阵子我很兴奋地回去基金会向董事长报告，说我这一年半来推广“学思达”，为台湾地区教育做了什么样的努力，引起了什么样的改变浪潮。董事长听完之后，他说很开心，因为他自己的预估值就是培养这五六百个学生，几十年来砸下去几亿元，他觉得最后能成材的只有10%，他觉得10%就足够改变台湾地区了。

我常跟很多老师讲，一个民间企业主、基金会可以这样长期为台湾地区无私地栽培人才，只为了让台湾地区可以更好，我们身为老师，在教育现场做些什么？我们是在栽培我们的下一代，还是在摧残我们的小孩、摧残我们的下一代？很多人会觉得“学思达”讲义全部上传，教法全部公开，资源全部共享……是无私分享、无私奉献。我说不是我无私，是董事长无私。他栽培我二十年，我根本不可能有任何私的念头，我若有私心，我就对不起林俊兴董事长。

（林董事长真是个非常了不起的人，他是我见过，第一个默默为台湾地区做许多伟大研究和事业，却完全不求声名的人；是我见过最富有却最谦和的人；也是最有远见、坚毅与耐心的人。他告诉我们，一个人生命中会有三个贵人，你们要好好把握，才能改变、提升自己的生命。所以，当诚致教育基金会方新舟董事长出现在我的教室观课时，我很快想起林董事长的话，果不其然，方董事长又成为我生命中的重要贵人。）

爱新觉罗·毓鋆先生——重实学，不空谈

真正触动、震撼我心灵的人是毓老师。

毓老师让我知道必须像我父亲影响我一样，影响学生一辈子，并且让我很清楚地明白，一定不只是知识，而是生命的感受、真实的学问。我父亲有时代和命运的局限，他能讲的东西很浅显，但毓老师真实深入传统经典，让我的专业知识与生命学问贯串、结合在一起，让我终于找到了生命和教学的源头活水。

我是 2003 年第一次到毓老师的奉元书院上课，第就受到大震撼。毓老师身着青长袍，头戴蓝小帽，足蹬青布鞋，戴一黑框眼镜，须髯飘长若雪，精神矍铄。我当时着迷于看《雍正王朝》，直觉毓

老师的举止气象简直就和戏里的康熙皇帝一模一样。毓老师当时已经98岁，一开头便说：“看破世情惊破胆，万般不与政事同。政治现实好像一阵风，但是你有风可以刮动别人吗？你们必得要守人格、爱台湾地区。中国人的思想是天下思想，半点迷信没有，平平整整是自我平天下之道，现在讲中国学问的全无学术生命！”忽又停住慷慨语调，问：“你们看我今天精不精神？上个礼拜上吐下泻，到今天才开始吃硬馒头，就来给你们上课。”忽又语调变高，正声道：“你们必得要锻炼自己、必得要成材、为这块土谋点幸福，才不愧为文人。什么是文人？古曰文人，今曰政治家，经天纬地谓之文！”然后又松缓语气说：“你们看我这么精神，像生病吗？我每天晚上还得刨刨台湾地区问题。”接着毓老师便气足势壮地说讲起《易经》。

我当时所受的感动和震撼既巨大又复杂。一位98岁高龄老先生抱着病体，犹自精神奕奕讲学不辍，那么《论语》上所说“诲人不倦”“乐以忘忧，不知老之将至云耳”的句子，根本就不需要任何解释了。还有什么例子比眼前更为贴切？不讲求自身幸福而去图谋天下大利，乐以天下，忧以天下，这不正是古圣贤相与的责任与使命吗？还有什么比毓老师躬身实践、薪火相传更为落实？而毓老师身上所散发的尊贵气息、风姿神采以及鼓荡丰沛的生命力，又经常让人忘了他已年近百岁，仿佛才只是四五十岁的壮年男子，正说着振聋发聩的话，要祛人迷思、激人志气、鼓人发动。

毓老师当时每周讲课三次，和以前体力好时，一周七日天天上课少些。周一讲《易经》、周四讲《四书》、周五讲《春秋》。上课时毓老师总是中气十足地讲论经文、月旦人物、批陈时事；逢上慷慨处，霍地一声响，覆掌击案，顿切激昂，兴味淋漓，极其精彩。

毓老师讲书重实学，不尚空谈。他常说："学问没有作用，就不是学问。""有利于民生就是实学！""经书不讲玄学、哲学，完全是解决人与人、国与国之间的事，更要解决天下事。"因此他特别注重修身，经常叮咛学生："注意！必得要成就自己，人最重要的是人格，以德为本，为政以德，没有成就，就是德不足。有德必有成、必有后。"修身有成，还要发挥影响力，对社会国家天下有所贡献。

毓老师讲经和寻常大学教授寻章摘句的考证解说自不相同。他讲经乃欲汲取其中智慧，供作实践，达臻修齐治平之域。故而讲经时，总是钩玄提要，以经解经，贯通六经，不作支离破碎之论。毓老师讲学全在于"为天地立心，为生民立命，为往圣继绝学，为万世开太平"的气魄和志向上，而这些并非泛泛而论，都得从经典中汲取智慧与力量，实实在在付诸实践。

毓老师乃前清皇族，源出礼亲王一脉。有清一朝世袭罔替的铁帽子王共有十二位，礼亲王即是其中之一。第一代礼亲王代善，乃清太祖努尔哈赤次子，战功彪炳，一片忠心，原有机会继承大统，却转而支持皇太极即位，受封为和硕礼亲王。礼亲王一脉，从崇德元年（1636）至清朝逊位后三年（1914）共278年，历十代，传十五王，声势显赫，人才济济，宗族中绝无仅有，堪称“清代第一王”。毓老师为礼亲王代善嫡裔，生于光绪三十二年（1906），幼时曾入宫读书，受业于陈宝琛、王国维等名儒。七八岁时，太福晋（亲王正室，毓老师母亲）亲授《四书》,13岁时读完经书。后留学日本、德国。1947年到台湾地区，初到台东，教育山地学生三年，后回到台北，任教大学数年，又自办奉元书院讲学，达六十年矣。毓老师于中国近代史，亲身经历者多，名公巨卿，多曾交游周旋，于时代更替之际，特有感受。

毓老师一生传奇，却始终如孔子所说：“君子无终食之间违仁，造次必于是，颠沛必于是。”偶回顾自己一生事业，曾感叹地说：“老师在‘满洲国’时代不做汉奸，老蒋时代不当走狗，到现在，人还不糊涂！”有一回上到《易经·乾卦》:“初九，潜龙勿用。子曰：‘龙德而隐者，不易乎世，不成乎名，遁世而无闷，不见是而无闷，乐则行之，忧则违之，确乎其不可拔，潜龙也。’”（白话：一个有龙德的人却隐藏自己，不受世俗改变，不想在这个时代成名，因此遁世隐居，却不郁闷，不被人认同，也不郁闷，喜欢就去做，不喜欢就不做，意志坚定，完全不可动摇，这就是潜龙之德。）毓老师忽然说："我六十年就守这一爻！"我当时极受感动，从没想过竟有人会用六十年光阴，躬身遵守一句经典，其毅力叫人不可思议；也没想过，一句经典就能有如此丰沛力量，足供坚守六十年而毫不动摇。经书之生命力，便可想见一斑。——毓老师大隐隐于市，讲学论道，六十年坚守，正是潜龙之德。

每回在书院上完课，我走出公寓，胸腔之间总饱胀着一股气，觉得自己有无限责任，必须赶紧努力，赶紧造福人群，甚至赶紧平天下。那股气正是毓老师上课时所灌输的读书人的责任感。我如今回想起来，总觉得倘若孔门弟子上课情景能再次重现的话，大概就和奉元书院的氛围没有太大差别，一样是切磋以德，琢磨以道，激励以天下为己任。换言之，毓老师其实就是和孔子同等气象的人，同样是望之俨然、即之也温，听其言也厉，博人以文，约人以礼，仰之弥高，钻之弥深。

毓老师的生命早和经典融合为一。他的力量就是中国学术的力量，他的生命就是中国学术的生命。他是君子，也是文人，更是大宗师。

毓老师给我的震撼和启发都太大了。我读中文系，在大学学到的东西，有很大一部分就是清朝遗留下来的文字、声韵、训诂之学。

毓老师说这是我们清朝拿来笼络读书人、控制思想的做法，现在写论文不也是这样吗？毓老师生长在帝王之家，习读中国经典，他们是要从经典中学到智慧与实学，拿来治国，学来统御，不是拿来写文章、做学问。毓老师常说，读那么多书，会用吗？当代读书人只会把学问讲得虚无缥缈。清朝灭亡，照理说毓老师应该愤世嫉俗，但是他没有，他隐于世，藏道于民间，六十年来默默栽培台湾地区一代又一代。所以台湾地区的老师们应该一起合作，共同栽培下一代，把彼此的胸襟打开，不要只想着当个人英雄。我之所以这么有勇气开放教室，而不是悠悠哉哉当个作家继续写文章，就是毓老师告诫我的："稍微用点心，都知道自己的责任重大！人一生转眼就没有，不做当务之急，还自欺欺人！"我必须要有责任感，要有魄力，去改变台湾的课堂。

三个珍贵老师，三个贵人，三股珍贵力量，慢慢让我领悟到：要当老师，要有学养、传承和责任感。所谓师者，传道、授业、解惑。我从毓老师身上，看到经典的生命力；从林俊兴董事长，看到实业家的远见与无私；从父亲身上，看到家教的力量。我自己的经验又告诉我，人才栽培，真实的能力，需要漫长时间，如果"学思达"将来真的能对台湾地区产生影响力，都是因为别人有远见、长期培养、深具耐心之故。如果说像我这样的资优生都还需要长达二十年的培育，为什么老师们不更早、更及时地栽培学生呢？为什么不让学生从小学一年级就开始栽培呢？一直栽培到读完大学，整整 16 年，出社会只要再栽培 4 年，就能成材了啊！

"学思达"要做到的就是让老师开始栽培学生，"学思达"可以让学生帮学生，也能让老师帮老师，彼此之间是相互帮助，不是相互打击与摧残。"学思达"之所以感人就是这个互助的历程，从我一个人孤军奋战，到愈来愈多老师响应，加入开放教室行列，然后又感动更多老师响应。当愈来愈多老师开始"学思达"，大家就清楚知道愈来愈多下一代开始受到良好的学校教育栽培，台湾地区的未来才更有希望！

03

契机

“学思达”教学成形的初衷

“学思达”教学法是一套完全针对学生学习所设计出来的教学法，真正训练学生自“学”、阅读、“思”考、讨论、分析、归纳、表“达”、写作等能力。通过制作全新的以问题为导向的讲义，通过小组之间“既合作又竞争”的新学习模式，将讲台还给学生，让老师转换成主持人、引导者，让学习权完全交还学生。促进学生学习兴趣，增加学生各种能力，增进学生阅读、思考、表达、写作等综合能力。以老师单纯口述为主的传统教学法不是不好，只是它偏重在训练老师，而不是学生。

我之所以开始发想、实验、进行“学思达”教学，主要是受到以下五个刺激。

刺激一：北京的完全开放教室

同校同事庄滙芬老师 2011 年到北京四中参访回来后，在语文科会议上说，北京四中校长直接拿出全校课表，让中山师生自行选择进到任何一间教室听课。我听完之后，大吃一惊，这是何等自信之语，何等自信之举（此前我亦去过北京四中两回，当时四中尚未能做到如此）。

我自个儿扪心自问，真办不到也（后来我做到随时开放教室，同校黄琪老师又带学生到北京四中，回来跟我说："北京四中已经做不到随时开放教室了"）。虽然我也曾让许多台湾地区、大陆的老师团体来课堂观课，但我拿得出手的得意课程只是我自个儿发明的"以小见大"教学法，通常是每篇新课的第一堂课，我会从单篇课文折射出整本著作（如从《刘姥姥进大观园》讲到整本《红楼梦》，从《范进中举》讲到整本《儒林外史》，从《庖丁解牛》讲到整本《庄子》思想，诸如此类），明眼的人一看就知道，这是在炫学，这样的炫学教学方式，确实让许多前来观课的老师们颇为佩服，当时我亦颇以此自豪。

别人来参观，我都是正常教学，从不曾特别彩排（故意这样说，当然也有自得之意）。一直到几年前，忽来了一团上海“特级语文教师”来校参访（大陆中小学老师有区分等级，分初级、中级、高级、特级。特级极难，是学校的活招牌，待遇和地位可比大学教授），本校又推出三人来示范教学，我是其一，刚好要教《孟子》。

示范之后，连我的学生下课后，都忍不住跑来跟我说，老师教得真好（当时是全新的班级）。但有另一学生来说，一团来访的老师从后门走出后，其中一位老师拉着她，对她说：“你们老师教得虽好，却是传统讲述法，学生没有互动，也没有问答！”我听了之后，颇不以为然，觉得我的得意之作被羞辱了（我现在反倒为当时反应捏把冷汗，觉得惭愧极了，为什么？容后再说）。课后座谈会，我特地把这位老师讲给学生的意见给说出来，然后上海教师分成两派：一派支持我，另一派则认为“师生问答启发教学”会略胜一筹，最后演变成攻防战，当时真是有些尴尬。

刺激二：佐藤学教学主张的激荡

2011年，本校中山女高邀请一名北市中学校长来演讲“佐藤学的学习共同体”，讲他去参观东京受佐藤学“学习共同体”影响过的学校，拍了许多照片。中山女高杨世瑞校长在研习时，赠送每位研习者一本佐藤学的书，我趁研习时光一口气把书读完了，读完之后，大吃一惊。

佐藤学的书里有太多我必须大点其头完全认同之处，如他要让传统的教学历程中着重于教师单方面的“教”（教授），扭转成着重学生学习的“习”（学习），唯有学生自主、高效率、充满思考性、体验式、讨论式的学习，才能把“从学习中逃走”的学生重新拉回乐意学习的行列。又如他说：“即使一个公立学校老师教学非常精彩，只要关上大门，孩子就被私有化，教室被私有化，学校被私有化。”诸如此类……但是具体的操作，我还没有想清楚。（不过，当时我的直觉是把台湾地区的教室学生座椅也强迫改成ㄇ字形，一定是胶柱鼓瑟的做法，不但劳师动众，而且事倍功半，一定还有更好的方式。后来证明我的观察和看法是对了。）

刺激三：“中国好声音”的竞合形式

大陆有个选秀节目《中国好声音》，其中有一集是让参赛者两两一组，合唱一首歌，但最后只有一个人能够胜出。我被这一集完全吸引住了，实在太动人了，因为观众看到那两个人无不使出浑身解数，演唱出一首极为出色的歌曲，超乎寻常太多太多。这里头同时存在着合作与竞争，合作让力量更加强大，竞争又让彼此突飞猛进。我当时便暗自决定，我要想办法让这套“既合作又竞争”的模式，运用在我的高中教学之中（其实我在大学兼课时早就这样做了，详见下段文字）。

刺激四：学生当评审，学习位阶变高

我从 2004 年起陆续在世新大学、台师大兼课，教授大一语文，开设“小说与电影”，整学年的作业只有一篇小说和一部微电影。当时我的想法就是，教那么多写作技巧，直接表现在小说上，才是最好的学习效果；看那么多经典小说改拍成的电影，最好的回馈就是拍摄自己小说作品成为微电影。这样做不但可以检验学习成效，最后学生还有属于自己的创作。

但是要看这么多小说和影片，对兼课的我来说，却是个沉重的负担。

所以我想出一个好点子，我让每个同学都要看到其他所有同学的作品（不是只有我看到所有作品），然后每个同学都要给其他同学作品（全部作品都必须匿名，只剩编号，交办班代去做此事，同学寄作品给他，整理所有作品之后，去掉名字，寄回所有作品给全部

学生，有名字的作品则只寄给我）打分数和写评语（不是只有我给评语而已，这样每部作品就会有所有同学的分数与评语），学生作业的分数就是同学所给的分数，然后再加上我看他们每一位所写的评语，再给的另一个分数。这样就会看到所有学生在观看作品（小说和微电影）时的专注表情，写评语时的认真神情，还有拿回作品的同时也拿到一大堆同学的评语和建议（我规定评语只能是良善建议，不能批评，若有批评，我会给“批评的同学”很低分数）。

我觉得这样的方式非常好，不全然老师变得轻松而已，也把评审位置同时给了所有同学，他们都有了更高的学习位置。当时，我已经开始担任各种文学奖的评审工作，所以也想让学生体验担任评审的感觉，而且这样做，所有同学才能同时看到好作品和坏作品，坏作品的作者才有学习和效法的对象；重点是大家的品位其实都很接近，对好作品的共识非常高（若是有遗珠之憾，我一定会在最后特别颁一个“遗珠奖”，说这个同学的作品太厉害了，厉害到一般大学生根本看不出他的作品有多好，只有老师这种专业人士才知道他有多好。各位想想就知道，这句话和这份鼓励对这位学生是有多大的肯定）。当然，我也想要把它融入我的高中课堂，我当时并没有意识到这就是现在最夯的“多元评量”和“差异化教学”，我只是觉得能减低教师负担（一个老师评语写得再多，也比不上 40 个同学的评语分量），又能得到更好的效果。

而且我还搭出一个舞台，让全部分数加总起来的前十名进入决选（不知作者是谁，所以很刺激），最后让同学深度讨论这十篇作品，进入举手投票表决，每人只有三次举手机会，心目中的第一名给三分、第二名给两分、第三名给一分，最后加总起全班的评分分数，逐一公布三名佳作，还有前三名（过程也很刺激）。老师要做的就是提供奖品（我都拿家里用不到的赠品，有些其实很珍贵），我到后来看到学生写出的优秀作品，常常情不自禁就直接把兼课费拿出来（还经常倒贴）当奖金，这完全是良性正向刺激，认真的学生得到肯定和成就感，不认真的学生得到学习、刺激和见贤思齐的机会。〔换了新学期和新班级之后，只消拿出上学期学长姐写出的第一名小说作品和第一名影片，新同学就会站在更高的基础上（或者说刺激），就会想要做出更高、更大、更好的突破！——没想到，叶丙成兄和我一样爱用此法，所见略同，只是他运用起来更加精深高妙。我在这两所学校兼课，大一语文教学评鉴都曾经得过全校第一名。〕

刺激五：学生专注听讲做笔记的神情

因为我太喜欢2012年的两个毕业班，所以破天荒时常熬夜，一个人在深夜中，为她们做完40篇必选课文的大考作文讲义，然后我用了一个法子训练她们的思考，我在课堂上一题一题询问，抽签让人回答。被抽中的学生上台用麦克风讲答案，我再从她的答案慢慢引导她们思考出正确或更准确的答题方式和正确答案。

我见她们认真听讲和做笔记的神情，一方面感动，一方面难过。感动的是全班都十分投入的认真神情，这是上课时罕见的（一个老师上课上得再精彩，也很难全班“全部”都神采奕奕、精神专注，难免会有一两个学生眼神迷茫、精神不济）；难过的是，我感觉自己像补习班老师，大考来临之前为她们抓重点、临时抱佛脚。所以我暗下决定，我要让学生这样的专注精神，出现在日后的每一堂课，而且让自己不会有像补习班老师的感觉。

以上五点刺激，促成我发展出这一套“学思达”教学模式，希望课堂上可以让学生自然而然地维持专注学习神情，而且还能训练学生思考与上台表达能力。2013年9月开学之后，我做了一系列的革新，欢迎所有人，不分校内外，也不分老师、家长，都可以随时来观课。我要让大家看到，没有一个学生睡觉（除非特殊状况，如生病、身体不舒服，并且经过我的同意），没有一个学生不专注，没有一个学生打瞌睡，这是如何做到的？

04

沉疴

落后的教学技术与评量方式

我认为台湾地区教育问题的根源在于：老师填鸭教学方式不动如山，以及评量工具的僵化落后。

台湾地区教育改革历经二十年，有着许许多多的革新，也确实带动课堂教学的进步。但是如果我们再深入探寻教改的核心目标："减轻学生学习负担，打造健康而良好的课堂。"事实上并没有办到。学生的学习负担并没有减少，每天的小考文化也没有消失，学校仍然是不健康的学习环境，不健康的学校生活又导致学生产生不健康的家庭生活！

为什么会这样？因为最重要的老师教学技术几乎完全没有改变。

在台湾地区，没有一个老师愿意提供填鸭式教育，但最后都在填鸭！原因很简单，因为老师霸占讲台，从上课第一秒钟讲到最后一秒，一直采用单向式口述讲课，就是最典型的填鸭！

填鸭式教学不动如山

为什么老师大多采用单向式口述教学，这也不能全怪任课老师，因为台湾地区老师的求学经验、教师培训练过程遭遇过的老师几乎都这样单向口述（填鸭式）教学，就连考取、分发进到学校任教，同事之间也都这样填鸭。久而久之，填鸭成了常态，别人填鸭，我也填鸭，自然是再正常不过。

老师单向式口述讲课，当然有其优点——填鸭式可以浓缩知识，让学习速度加快。这就是为何亚洲，即使先进如日本，会是全世界最大的填鸭式教育地区。因为，西方工业革命之后，各种知识突飞猛进，落后的亚洲要急起直追，就必须囫囵吞枣、填鸭加速；再者，亚洲大多经历过独裁统治，独裁者并不希望国民会思考、能表达。台湾地区的教学技术还是落后的思维、独裁者的心态。不信，请大家摸着良心想一想：当老师上课时，叫学生闭嘴，不让学生发表意见，这种教室风景跟独裁者高压统治有什么两样？老师关起教室的门来，居然成为教室里的“独裁者”！

填鸭式教育酿成四大缺点

老师单向式口述讲课，固然有其优点，但是缺点太多了，姑且罗列如下四点。

第一，学生的学习意愿低落。

我常说我们的小孩还没进学校之前，都喜欢缠着父母亲问："这是什么？""那是什么？""为什么？为什么？为什么？"常问到父母的知识疆域极限之处，答不出来，不知所措。好不容易盼到小孩上学了，总算可以把问题交给学校老师。

结果小孩到了学校之后，老师所做的第一件事居然是叫学生闭嘴，而且一闭嘴就是十几年！更糟的是原本小孩还对世界充满好奇，喜欢问为什么为什么，可是老师不但先叫闭嘴，还不断直接告诉学生答案，小孩根本不想知道这些答案，但老师要求背诵，于是考试就出现了。

小孩开始不想坐在教室里，学习兴致逐渐低落。可是小孩不能走，因为小孩被迫坐在教室里（除非小孩的父母亲有能力提供自学环境），小孩不来，父母会被政府处罚，这是义务教育。

第二，学生的学习成效低落。

学习金字塔的概念图（如 37 页图），老师和家长们或许耳熟能详，虽然未必完全准确，但还算符合大众的学习经验结果，姑且拿来当作参考。老师进行填鸭，学习成效只有 5%。现在老师的教学技术，跟二三十年前的教学技术相比，有什么明显差异吗？几乎没有，如果有，很可能也就只是资讯融入教学，加上了 PPT，学习成效从 5% 跃上 20%！

但是另一个惊人的实验结果告诉我们，一个学生最佳的学习时间只有 15 ~ 20 分钟，台湾地区课堂每一堂课却是 45 ~ 50 分钟。如果老师有用 PPT，过了 20 分钟，就开始从 20 倒数；没有用 PPT，就从 5 开始倒数，直到学生眼神模糊或倒头睡着，变成 0。换句话说，台湾地区的课堂，失去了高效的教学技术与教学成效，以及维持学生学习成效的高昂兴致！

第三，老师完全不知道学生的学习状态。

老师教学采用填鸭式，必然忙着赶进度，学生到底听懂了没有？老师根本不知道。所以“考试”紧接着就来了。填鸭式教学不改变，小考文化就永远不会消失，因为这是老师唯一能够确认学生学习状况的工具与手段。

翻转教育统合教学

让学生咀嚼知识，直到能“说”出来，才是真正的完整学习！

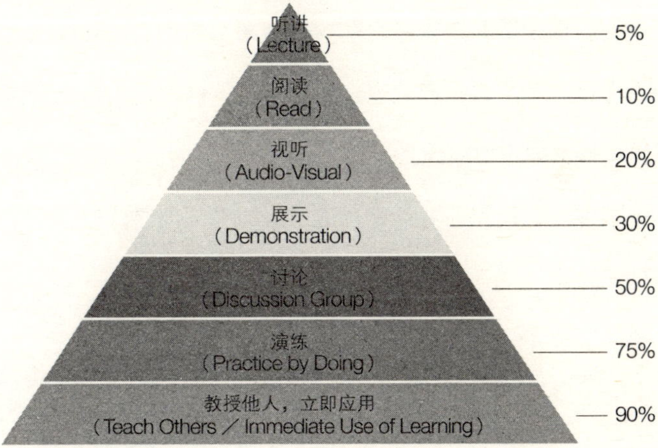

考试成了老师确认学习状况的最佳工具之后，考试的结果——分数，就成了老师诊断的凭据。于是，分数主义至上自然而然就成为老师和家长获悉学生学习的唯一方式，升学率也就自然而然成为学校之间的竞争凭据。没有人在乎学生能力是否得到良好的训练与培养；也没有人在乎学生不是学不会，而是在被切分出来的时间期限内还没学会，如每个月的段考、每三年的大考。没人可以忍受学生在学习的时间差异，大家都被迫要在同时间学会，若学不会，就是成绩差、低成就！

考试意外成为推动台湾地区学生读书的强大动力，准确来说，是强大压力。台湾地区的学生每天晚上都是为了隔天的考试而读书。如果大家够敏锐，马上就会意识到：学生日后考上大学，什么时候才会看书？期中考和期末考之前的一到两个星期。离开校园之后终于没有考试，学生自然而然也就不读书了，这也是为什么台湾地区的阅读率低落的主要原因。

追根究底，没想到竟然是台湾地区的老师填鸭式教学联手打造出来的恶果！

第四，破坏学生大量学习的机会与能力。

如果把老师上课一个小时的讲述内容打成文字稿，大概有五六千字（讲话速度当然可以再快，但学生就听不清楚了）。我常说，只要听老师上课的语速，就能知道这位老师三年能够提供的知识量，因为老师的语速决定了老师三年能够提供的知识量。而这也是台湾地区的老师教了五六年书之后，就再也不用进步的主因，纵使老师学再多，课堂上也派不上用场，因为时间不够。这同时也是大学教授教了一整年，却经常连教科书都教不完的主因。问题是正常学生的阅读速度和理解速度，一定超过老师讲话的速度（学生自学阅读的速度远远超过老师讲话的速度，不用训练就已经是老师讲授的三倍，如果再训练过，就会变成五倍、十倍甚至二十倍），换句话说，当老师上课讲愈多，就愈浪费学生大量学习的机会，而且学生的阅读速度经过不断训练，速度会愈来愈快、吸收的知识量也就会愈来愈大。更重要的是，阅读能力、理解能力才是学生可以带得走的能力！

填鸭式教育养成“五大能力”

且让我们真心来反省一下，老师的填鸭式教学，训练了学生什么样的能力。

第一，忍耐力。老师上课上得好，学生忍耐就少一点；上得不好，学生就需要很强大的忍耐力。

第二，定力。填鸭式教学现场，学生不能讲话、不能吃东西、不能走动、更不能睡着，学生就需要非常强大的定力。（我常纳闷，台湾地区流行打禅七，其实不用那么辛苦到寺庙修行，直接进到初、高中课堂旁听就行了，效果比去寺庙打禅七还管用。）而且小学到高中的孩子，是最青春、最可爱、最活泼、最希望可以大肆讲话的时期（我小时候就是这样，结果被掴脸），但是我们很快就用老和尚的标准在要求他们，真是没道理呀！我不免常戏谑台湾地区的学校跟监狱没什么两样，学生就是受刑人，8 点开始服刑，50 分钟之后，放风 10 分钟，好不容易挨到下课，以为出狱，没想到只是假释而已，隔天还要服刑，这个狱期有多长？原本是9年，现在要延长到12年，这堪称是十二年义务服刑教育，因为学生很痛苦。

第三，专注度。学生把专注听课的眼神表现出来，好满足老师的虚荣感。

第四，听力。认真听老师讲，好满足老师希望学生表现的第五个能力：抄笔记。

想起来真悲哀，台湾地区的老师心目中最理想的学生是什么样态，不就像曾经中风、半身不遂、失去行动能力（老师希望学生坐好、不要乱动）、嘴巴瘫痪（老师希望学生不要讲话）、眼睛失去眨眼功能（老师希望学生表现出专注度）、右手还能动（因为老师希望学生抄笔记），——难道这就是台湾地区的老师心目中最理想的学生样貌吗？

习惯接受填鸭式教育后，台湾地区的学生根本不会读书，全都是背书大赛、应付考试、拥有强大背诵能力和一点点理解能力，其他重要能力几乎都没有接受过良好的训练与栽培。我在大学兼过几年课，我常跟大学生讲一件事情，我说："台湾地区的教育用十二年填鸭式教育来荼毒你们，你们就用四年大学玩乐来报复。"叫大学生读一本书的难度远远超过看一百集韩剧，学生可以花一百个小时看韩剧，但要他们花两个小时看一本书，就觉得太难、太痛苦了。

就算我们闭着眼睛不想面对，我们的初、高中生还是这样生活着。

第一，上课非常无奈。即使上述五大能力已经很好了，但老师认为好还要更好，百尺竿头，更进一步。

第二，下课就去补习。为什么台湾地区的补习这么风行、这么泛滥？就是因为学校的功能太差、学习成效太低，学校每天都在考试，当然补习班也好不到哪里去。台湾地区的教育松绑了吗？只要填鸭式教学技术一天不改变，台湾地区的教育就不可能松绑，考试只会愈来愈多，不会减少，因为学生早就已经被训练到不考试就不读书了，老师就用愈来愈多的考试来强迫学生读书，进入恶性循环，等到离开校园就绝地反击，不再读书。

第三，睡眠不足。台湾地区的学生每天为了考试而读书，晚上都几点睡觉呢？初中生大约是 11 点左右，高中生更可怜，大约 12 点左右，超过一点、两点睡觉的也不在少数，可是隔天六七点就得起床，睡眠严重不足！所以每天一定要安排午睡时间，因为早上折磨学生四小时，不让学生睡一下，恢复体力，如何面对下午四小时的折磨。到了星期六、日，学生就直接睡到中午（很多学生变成大学生之后，自然而然变成夜猫族，隔天早上若没有课，就睡到自然醒，这也是高中养成的习惯）。台湾地区的小孩没有正常的家庭生活，没有健康的学校生活，这些都是病态。问题是，以前我们当学生时是受害者，现在我们是老师了，我们变成了加害人。学生受不了填鸭式教育，跑来诉苦，我们难道只能语重心长地告诉学生："同学，你要搞清楚，老师也是这样苦过来的啊，吃得苦中苦，方为人上人！"难道台湾地区的老师只想栽培学生成为考试机器，不愿意栽培学生其他重要能力吗？

教育部门一直提倡要发展学生的多元能力，而"学思达"要做到的就是：让学生上课变得有趣，下课运动（不用去补习），每天动脑，睡眠充足。换句话说，就是还给台湾地区下一代小孩一个正常而健康的学校与家庭生活。

落后的评量工具，无成效的学习

台湾地区的老师上课如填鸭，不知道学生学习成效，考试随之而来。填鸭式不好在前，没想到台湾地区的僵化考试又残害于后，双重夹击，台湾地区的教育就陷入了恶性循环的泥淖。

台湾地区课堂的考试（或者说评量）到底出了什么问题？

第一，台湾地区评量学生的工具形式是不断抛弃的过程，也就是学生日后未必会再使用到的能力。

此话怎讲？台湾地区小学生的评量方式，低年级主要是"是非题”，中年级出现“三选一单选题”，到了高年级就出现“四选一单选题”；到了初中完全变成“四选一单选题”，请注意，“是非题”被抛弃了；到了高中，又出现了“多选题”，换句话说，“单选题”又被抛弃一半；到了大学评量形式又变成“问答题”，“单选题”“多选题”全部被抛弃、被淘汰了。也就是说，台湾地区评量学生的工具是不断抛弃和淘汰的过程。（心思细腻的读者应该敏锐察觉到，为什么台湾地区的课堂不在小学时就教学生回答“问答题”，这样学生上大学之后不就没有“衔接”的问题了。为什么台湾地区的大学老师经常骂大学生，没有求知欲、没有阅读习惯、没有思考力？其实就是这种僵化的评量方式造就出来的结果！）

是非题、选择题和多选题有什么优点？优点就是公平、方便、有效率。缺点呢？实在太多了！

（一）是非题、选择题和多选题，都是错误理解知识的评量工具，也是错误理解知识的过程。真实的学问、生活的难题，并不会有固定四到五的选项可以选择（有时连选项都没有，或者多达几十个选项），而且里头居然还藏着一到数个正确答案。大家想想，一个开创性的研究或发明，会有答案可供选择吗？三四十年前的考题选项会有根本尚未发明出来的“手机”“网络”吗？只学会轻松选择答案的学生，将来如何可能训练出开创性的思维与见解？

（二）是非题、选择题和多选题，很容易让学生变得非常功利，会考才看，不考就不看。考完之后，大家不一定在乎为何正解是这样，而是一直争议着为何另一选项不能选，为什么不能送分。这种评量方式是标准的支离破碎理解知识的过程，同时伴随着许多陷阱与争议，对于知识正解的形成过程，兴趣缺缺。

我且举两道选择题来说明：

【2014 年基隆市初中语文科教师甄选试题】

2. 台北市立中山女子高级中学语文教师张辉诚博士，大力推广提倡之“翻转教学法”，下列选项何者正确？

（A）“学思达”（B）学思远 （C）学思道 （D）学思通

【2014 年中区联盟小学教师甄试语文试题】

23. 中山女高张辉诚老师的翻转教室工作坊推广“‘学思达’教学法”，强调的是下列哪一选项：

（A）自学、思考、表达 （B）自学、思考、通达

（C）勤学、思考、表达 （D）勤学、思考、通达

我看到这两道题目，真是一则以喜，一则以忧。喜的是出题老

师相当关注台湾地区的最新教学改革浪潮；忧的是这样的考题正是“学思达”想要改变的对象。我很想再继续追问的是，就算应试考生答对了选择题，可是他们真的懂“学思达”了吗？真的懂“学思达”之后，他们真的能用“学思达”上课吗？——这两个问题，身为老师很可能都应该要时时在教学现场谨记于心：我教的东西，学生真的懂了吗？学生懂了，真的能运用出来吗？

神奇的“学思达”facebook 网友，模仿了三道类似题目，附录于后，博君一粲。

题目一：下列何者是台湾地区民族抗日英雄？（A）丘逢甲（B）丘逢乙（C）丘逢丙（D）丘逢丁。

题目二：下列何者是获得全球教学创新大奖的台大帅哥教授？（A）叶甲成（B）叶乙成（C）叶丙成（D）叶丁成。

最后一题，难度较高。

题目三：下列何者是释迦牟尼佛的本名？（A）悉达多（B）悉达少（C）悉达刚刚好

第二，台湾地区评量学生的工具内容，只会训练出学生背诵、理解与猜题能力，无法真正启动学生思考，更不可能训练出各种高层次的学习能力（运用、评鉴、归纳、创造等能力）。更糟的是，当学生背诵一大堆知识内容后，目的只为了应付考试、博取高分，等到通过考试，不论分数高低、不分考取学校满意或不满意，背诵知识只是为了经历考试，一旦考试结束，所学知识就自动忘光光（不信，请读者自行回想高中所学，大家还记得多少知识内容），学生在学校什么能力竟然都没学到！

那么应该怎么办？“学思达”可以解决这个问题！

也许台湾地区的课堂教学考试评量形式暂时还无法改变，但是上课现场却可以先行改变，关键就是：以“问答题”取代“选择题”和“是非题”。

请记住，“选择题”若是不改变，必然一直残害台湾地区的下一代；只有“问答题”才能诱发学生的好奇心，刺激思考。

老师想要训练学生什么能力，就设计什么样的问答题在课堂上来问学生。问答题可以训练学生各种丰富的能力：基础认知能力、理解能力、阅读能力、归纳能力、创造能力、评鉴能力、写作能力、表达能力……几乎无所不包。请记住：“问答题”可以包含所有的“选择题”，而且“问答题”的难度比“选择题”高。

如果说台湾地区的教育的根源问题是“老师填鸭式教学不动如山”加上“评量工具僵化落后”，“学思达”就提供全新的教学方式，协助台湾地区的老师改变填鸭式教育；同时又提供全新以“问答题”为导向的“学思达”讲义，协助台湾地区的课堂教学突破“是非题”和“选择题”长期缠绕出来的重重厚茧，让台湾地区的学生可以自由自在地探出头来呼吸、成长、健康学习！

05

翻转

颠覆传统，尺蚓穿堤耕耘教育沃土

教书 19 年来，我一直反省的几个课堂教学问题：

一、为什么我不敢随时开放教室让人参观？

我用这个问题问了全台湾地区上千位老师，答案不外三种原因：第一，老师对自己教学没有信心。第二，老师对自己教学非常有信心，但对学生的课堂表现没有信心，万一学生在课堂中睡着，岂不让人家看笑话！第三，老师对自己教学非常有信心，但这是自己多年修炼出来的秘籍，不想免费公开给人学走。第一个原因，隐含着一个信息，老师对自己教学没信心，受害者很可能就是学生；第二个原因，对学生课堂表现没有信心，意味着班级经营可能出问题；第三个原因，不想免费公开，很可能意味着老师自私。换句话说，只要不愿开放教室，或多或少都存在着问题。

我慢慢意识到“开放教室”和“观课”这两件事的重要。其实，同校老师之间隔着一间教室的墙如同隔着一座山，不同学校之间隔墙如隔海。唯有开放教室才能打破这种奇怪现象，让想要突破却一直受困教学现场的老师，有学习对象，有改善的可能。我一直深信，只有用教学现场才容易感动老师；我也相信唯有中小学教学现场的老师，才能教中小学教学现场的老师。

二、为什么我上课时学生不能睡觉？如果我上课太无聊，或者太精彩却大量消耗学生体力，为什么学生不能睡觉？

三、为什么我上课时学生不能讲话？学生讲话一定会影响学习吗？

四、为什么台湾地区的教学模式几乎只剩一种（我以前也一样）：老师永远霸占讲台，学生永远呆坐座位？这样的教学模式是怎样产生的？利弊为何？

五、我要怎样做才能做到上课时学生没人睡着，没有一个不专注？

六、我有想过怎样训练学生自学、阅读、思考、讨论、表达和写作的能力吗？为什么我不注重呢？只因为大考不考吗？写作是“多看多写”就会进步吗？

七、我在课堂上曾教过什么东西，相信这是学生毕业之后不会忘记，并且终生牢记，也就是我教过什么东西，是可以让学生一辈子带得走的吗？

八、如果整个台湾地区的阅读氛围太差，我曾做过怎样的努力，培养学生拥有阅读能力和习惯吗？并且终身乐在阅读、乐在学习吗？

九、如果台湾地区的人民普遍呈现缺乏世界观，我曾经在教学现场做过怎样的努力，培养学生拥有正确、宽广的世界观吗？

十七年磨一剑，开放教室的初心

这九个问题，我扪心自问，常常不寒而栗。

经过 17 年的不断实验，我终于可以很大声地说出：我成功克服了这些看起来困难重重的教学现场难题，并且打造出一套可以简易复制的教学模式。我有十足的把握可以随时开放教室。于是某日，我在下班途中兴奋地告诉驾驶座旁的太太（任教北一女中，同时也是“学思达”第一个复制实验者），我想博取她对我的赞美与崇拜，但是太太忽然说：“你为什么不把你会的全部都教给全台湾地区的老师，让他们不用再花 17 年的时间去摸索新教学法，不用再花 8 年时间去摸索经营班级方法，让他们可以站在你的基础上，不断向前、向上，不断有新的创发和新的进步，这样不是对台湾地区的教育更好吗？”我一听有道理，于是，我打开了教室的门，随时开放欢迎大家来观课。

当我打开教室有形的门之后，我渐渐发现学校有形的门也渐渐打开了，老师之间无形的高墙也打掉了。一间随时开放的教室，没想到会让长久以来紧闭的教室、紧闭的学校、紧闭的老师与老师之间的关系，渐渐打开。“学思达”让我打开了教室的门，我也没想到可以像推骨牌一样，推开了一座座学校、一间间教室的门，让老师们进入流动的良性学习状态。

我太太对我讲的话忽然又让我意识到，如果每个老师都能无私分享自己的教学，那么老师就能不断自我提升，整个教育环境就会愈来愈好，一代胜过一代；如果每个老师都藏私，教育就会愈来愈封闭（绝世武功只要经过几代的藏私，每一代留一手，不用多久就变成平凡武功了），一代就会不如一代。

老师应该慢慢不再以成绩来划分学生，而应该意识到自己是在栽培下一代的人才，就不会只看到三年后一翻两瞪眼的大考结果。老师应该把眼光放远，每个学生都是宝贝，要培养学生拥有信心与各种能力，有舞台可以发挥，耐心等待学生成熟，耐心等待学生十年、二十年、三十年、四十年……之后的表现，这样才对啊！

也许台湾地区多年的僵化教育现况，让很多人觉得无能为力，但我喜欢用“尺蚓穿堤”这个成语来自我勉励。我要花十年，穿透厚堤，钻出一个洞，让僵化的台湾地区的教育因为这个洞而漏水、泄洪，甚至溃堤。科技名人温世仁先生在世时，在大陆大西北推展“黄羊川”计划，试图透过网络来改善中国大陆内地的贫穷状况，成果很可观。他返台特地去向毓老师报告结果，还说：“老师，西北交给我，东北交给你。”真是雄心壮志哪！其实老师也有力量的，只因为庞大而稳固的旧结构给消磨殆尽或隐藏。我想让更多老师们一起来尺蚓穿堤，我想点燃更多老师的热情，然后大家也都能豪情万丈地说：“这个县交给我，那个县就交给你，我们一起来改变台湾地区的教育！”

师生的二十年约定，较量谁帮人最多

当然，有一些朋友很好奇，为什么我又跑到第一线来做这些事了？我不是已经保持低调，独善其身好一阵子了吗？好问题。因为之前我卡着博士论文，啥事都不敢放手去做，现在终于搞定论文了，我要开始真正来做点事了。为什么做点事又比我去申请一个大学新教职还重要呢？因为毓老师曾说：“得了个博士，就是得张饭票，然后你混我，我混你！我告诉你们，人只能自欺，绝欺不了人！”我每回想起这些话，总是不寒而栗，所以我不敢急着去糊弄人，也不敢急着蒙眼自欺。

既然我好不容易造就出理想的高中生，在她们毕业时又有过这样约定：“面对社会，你们需要努力的时间还很漫长，正如同我和你们约定好的，我不在乎每年办到最后终究虎头蛇尾的同学会；而是约定好，我们都来等等看，看谁是第一个以杰出校友身份回到母校中山女高演讲，谁又是第二个、谁又是第三个……然后再等个二十年，我们要来办个同学会，看看那时候谁帮助的人最多，看看这二十年来我们对这个社会做了哪些值得大家骄傲的事情，老师当然也要和大家一起努力，也要比一比才行。”——我现在可是很认真地要和我的学生们比一比的。

我不光要影响学生一辈子，也要和学生一起砥砺、奋斗一辈子的。某一年教师节前夕收到学生短信：“老师！教师节快乐！最近好吗？离开礼班愈久，成长越多之后，就会越感谢自己曾是礼班的一分子，那三年培养的态度与视野，让我们现在都能更坚定地追求自己想要的。我永远记得老师曾跟我们的约定，我正在努力成为一个对社会有正面影响力的人，也希望有一天能第一个回中山演讲，之后再回去找老师好好聊聊。”发短信的学生是潘佩瑄，当时她正要接下 AIESEC 台湾地区会长的职位，这是一个全球最大的国际学生组织，拥有 124 个国家与地区分区会员，提供全球学生商业实践机会与成长挑战的平台。——如果我的杰出学生已经受我影响这样努力着，我又怎能落在她们后头呢？

我是真的认真要来改变台湾地区现在课堂教学的，从一小撮人的小力量开始集结，慢慢地、稳定地散发出力量，逐渐增大，最后翻转传统填鸭式教法！为什么我们要这样做，因为这样做才是真正对学生有利！是的，没错，当初坚持聘用我的前中山女高丁亚雯校长曾这样对我说："只要对学生有利，就是对台湾地区有利！"渺小如我、力量单薄如我，难得找到一个对台湾地区有利的奉献机会，即使像愚公移山，我也要一铲一铲地往前掘去！

辑二

『学思达』的概念与实践

06

两概念

“学思达”用感动传递感动

“学思达”真正感动老师的地方其实并不是我演讲有多精彩或是我教学现场有多么动人，而是老师听完演讲、观完课之后，受到启发，回到自己的教室开始实践“学思达”，终于看到学生炯炯发亮的眼神以及乐在学习的样貌，自己深受感动，随即产生强大动能，重现无比热忱，支持自己开始埋首做“学思达”讲义（熬夜做讲义是“学思达”老师的共同经验，却一点也不觉得累，还乐在其中。原本是所有老师放松的寒暑假，“学思达”老师也同样在这段时间做讲义），然后回过头来分享更多自己感动经验，点燃更多老师的热情。“学思达”用感动传递感动，用感动点燃老师们内在源源不绝的改变能量，传递改变能量，聚集出巨大的改变动力！

其实，“学思达”教学法的基础核心概念很简单，可以简单归纳成两个。

概念一：让学生成为学习主角

我不是佐藤学的信徒，佐藤学真正感动我的只有观念，容我不厌其烦地再引述一次，他说：“要让传统的教学历程中着重于教师单方面的‘教’（教授），扭转成着重学生学习的‘习’（学习）。唯有学生自主、高效率、充满思考性、体验式、讨论式的学习，才能让‘从学习中逃走’的学生重新回到乐意学习行列。”

我完全同意他的观点，但是我认为具体操作内容绝不可能直接复制。因为日本和台湾地区不同，台湾地区各地又不同，各校素质和特质也不同，每个学科也不同，所以一定是因地制宜、因校制宜、因人制宜，发展出各种不同的全新教学方法。尚未看到佐藤学的书，这十几年来我就已经着手实验各种可能的教学方法，我的理念很简单，我不要让我的学生成为填鸭式教育的填充品和牺牲品，我要训练学生思考，所以有一个持续十多年的实验是：每一课的白话文我都会让学生直接看，然后问三个问题：作者表达了什么观点？作者用了什么写作技巧？你怎么看待这篇文章？看完便抽签问学生，让他们回答。

这样的方式刚开始实施时，确实成效不高（因为缺乏完整机制、操作技术太简陋），但我还是一厢情愿地花时间训练，因为我认为如果学生缺乏思考力，恐怕又得回到填鸭式教育了。这当然是我的空洞理想，实际上也不是多么成功之举。不过，我也有些很好的实验，一直延续到现在，如学生互评、学生佳作共享、自我介绍等等。换句话说，我从佐藤学那里确认我不能等待了，我必须完全翻转教学，但是实际具体的操作方法必须是我自己去寻找、发明、实验出适合我的（这很重要，老师也有差异化）、适合我的学校、适合我的学科、适合我的学生，那个最佳的教学模式。

且让我们来将心比心吧！倘若我们在校务会议连听了两个小时之后，哪怕校长、主任们口才再好，又滔滔连讲了一个小时，老师们能够不打哈欠、不想睡觉、不改作业、不玩手机吗？更不用说学生是一天连听七到八个小时，他们打哈欠、分神、玩手机、睡着，原就是人之常情。老师自己也做不到，有什么资格苛责学生发呆、睡觉、玩手机呢？——所以怎样改变教学方式，才能让学生上课不打瞌睡、不睡着、不玩手机玩游戏，这才是翻转教学的关键。

让我们再回到人际关系互动的实例上来打个比方：两个人交谈，一人唾沫横飞，愈讲精神愈好（此人多么像老师啊），另一人则愈听愈累，愈听愈想赶紧逃开（多么像学生啊）；但是这个时候，原先唾沫横飞的人忽然问了另一个人一个问题，只见另一个人仿佛重获生机，登时也讲了起来，于是愈讲愈热烈，愈讲愈有精神。

是的，这就是我心中认为的教学翻转的原始模型，一个问题刺激思考，一个问题让位置对调，一个问题让讲述权转换，一个问题让学生精神振作。那么，为何老师还要不厌己烦、不厌学生千烦万烦千万烦地一个人唱独角戏，从上课钟响讲到下课钟响，从年轻讲到白首，讲到独乐乐而学生众哀哀呢？

当然，我对学习成效金字塔图（如 37 页图）不是没有怀疑，数据如何产生，排列一定是这样吗？正如我到现在就亲眼见过两个人光凭讲述（教学效果 5%），却对我产生 95% 的教学成效（一个是林董事长，另一个就是毓老师）。但扪心自问，老师们有把握自己也可以是这么少见的秀异人士吗？如果不是，为什么老师们还要继续“霸占住”讲台孜孜矻矻地“诲人以倦”呢？是的，把讲台让给学生，把主角让给学生，把讲话权让给学生，老师所要做的只是打造一座舞台，制作一场秀，老师摇身一变，成了主持人。——我是主持人，我怎能不开放教室？我怎能不希望更多人来参观这场秀？是的，所以老师最后都应该打开教室，欢迎大家随时来看秀！

概念二：好奇心和思考，才是学生学习的最佳动力

如果让我为现在进行的新教学模式取个新名称的话，头一个我想到的就是“猜灯谜式的教学法”。

容我先描述一个至今脑海仍印象深刻的画面：我小学五年级，这一年中秋节晚上七点（后来又换成元宵节），大哥带我到老家云林县褒忠乡大街上林清森药局旁的空屋前猜灯谜，我望着墙上一道道谜语（请注意看灯谜形式：全都是问答题），一题也答不出来。可是黑压压的人群当中，还是有人能够举手回答（我哥也会答，但当时气氛实在太刺激、太紧张了，他根本没空低头理我），若遇上有人答对，主持人会兴奋大叫：“通！”（一旁还有人负责敲声鼓，“咚”，听起来就像“通”。另外，还有一人负责发送礼物，如肥皂、毛巾之类）主持人会撕下谜纸，高举至头顶，好让全部的人清楚看见，接着便向大家解释，为什么答案是这样，大伙儿这才意会过来，点头如捣蒜。这时就会听见此起彼落的赞叹声：“喔，真鳌，这样也想耶到！”（闽南语：真厉害，这样也想得出来）这时若有人答错，主持人会摇头，一脸惋惜：“差一点点，还有更好的答案！你再想想！”随口又多透露一点线索、一点暗示、一点蛛丝马迹，好让大家继续

去思索更准确的答案。

我当时实在太着迷于这场灯谜场景了，为什么？有很多原因。

第一，猜对的人当场就成为众所瞩目、众所欣羡的对象，感觉有如桂冠加冕，有着无比骄傲、无比荣耀！（我到现在都还怀念那槌鼓声啊！）

第二，主持人巧妙引导，试着让猜谜者一步步自行想出正确答案，这个过程太迷人了。我在第二年（小学六年级）终于猜到了生平第一个灯谜，我到现在（三十年了）都能记住灯谜题目："湖、海"（射地名二）。当然，我既要证明好奇心和思考是最佳学习动力，自然不会马上公布答案，就请读者自行猜谜咯。

第三，现场若有不会猜的人，可以通过不断观摩他人猜对的答案、主持人的详细讲解之后，慢慢产生模糊的解题概念，慢慢又能逐渐清晰猜谜技巧，这其实就是同步观摩、同步学习，通过求解而不可得的过程中，产生追求知识的奇妙迫切与渴望感。甚至还能激发离开现场后产生另一种"自发学习"的渴望。——确实如此，当晚回家之后，我就开始寻找相关灯谜书籍来自学。再隔一年回到现场，已非昔日吴下阿蒙，到了初、高中，甚至上台北读大学，猜灯谜的技术简直不可同日而语了。

猜灯谜这个宝贵经验提醒了我，翻转教学的课堂模式应该从这里产生才对。老师要转换成主持人，上课不要再霸占讲台滔滔不绝，而是着重在事前的准备工作，制作出一题又一题的题目（就像灯谜的谜面），诱发学生的好奇心；然后提供足够资料，让学生自行去阅读、分析、思考、整理、判断，最后才让学生上台发表（就像猜谜者举手答题一样）。答错了，老师就不断引导或追问，让学生自行追寻出答案。真答不出来也没关系，就让另外想自愿答题者上台回答，一直引导至答出正确答案为止（其他同学会在这个聆听的过程中同步观摩着、同步学习着）。若答对了，没错，我会双手大张、表情激动、声音高亢，再用右手直指着同学大喊："you got it !"读者应该很清楚了，这就是我送给学生的那槌鼓声！（相信我，学生会充满成就感！这也是为什么我教的学生，班服后面竟然印有"you got it"三个字的主因。）

猜灯谜式的教学法，道理很简单，就是不要直接告诉学生答案。试想，每一道灯谜下面都附有四个选项，这样，谁还想来猜灯谜？谁还会有好奇心啊？谁还想要思考啊？

接下来我要举的例子，读者应该不会太陌生，哈佛大学迈克·桑德尔（Michael Sandel）教授《正义：一场思辨之旅》（*JUSTICE: What's the Right Thing to Do*）。如果大家看完这本书之后，最好再去看看哈佛大学的开放课程，去看看，看一下桑德尔在礼堂上对着五六百名选修学生，上课时竟然没有一个学生睡着，也没有一个人不专注。

因为桑德尔上课一开始就抛出问题："一列电车刹车坏了，更糟的是，驾驶员突然发现前方轨道上居然有五个工人！电车肯定是刹不了车的，通知工人也已经来不及；不过这时驾驶员发现前方有条岔出去的支轨，支轨上只有一个工人。——如果是你，你会选择直直向前开撞死五个人，还是转弯只撞死一个人？"接着桑德尔便让学生发表意见，有时还区分正、反两方，让学生们畅所欲言，反复攻防。桑德尔可不是站在旁边闲着，他不断地穿针引线，不断地引导，不断地追问，最后终于让学生答出他想要的真正答案，之后，桑德尔就会把答案扣回他所要谈论的主旨。换言之，答案是由学生自行想出来的，不是迈克·桑德尔告诉他们的！

于是我想到另外一个比较文雅的命名："'学思达'教学法"（还可以谐音"share start"）。就是让学生自"学"、"思"考、表"达"。老师要做的就是准备充分的资料让学生自学（哈佛学生为何不用，因为他们的基础能力已经建立。或者说，大学生应该早就拥有自学能力，可以在课堂前阅读老师所规定的资料，上课时才和老师讨论）、设计良好的问题让学生去思考、通过不断追问让学生学会准确表达、回答问题！

是的，唯有好奇心和思考，才能让学生保有旺盛的学习欲望。

请记住，“学思达”教学法的两大核心概念。

一、让学生成为学习主角，学生在课堂上才真正拥有学习主动权。但是，所谓翻转教学，表面上都说把学习主动权还给学生，但其中操作技巧之精粗好坏，相差可至霄泥。有的老师上课就直接让学生自修，什么机制都没有，也跟着说我也把学习主动权还给学生，就是翻转教学。——这是不对的。翻转教学有没有成功、有没有效果，是要开放教室受人检验，不是自己说了就算数。“学思达”之珍贵就在于拥有一整套完整理论、思维、技术和成果，可以供人检验。

二、如果好奇心和思考是学生学习的最佳动力，那么老师最应该做的就是：想办法不断诱发和维持住学生的好奇心与思考，“学思达”找到的最简便方式就是“问答题”。至于是否就一定需要“问答题”？当然不是，只要能有效长期维持、刺激学生好奇心和思考的方式，就是好的教学方式！

07

三关键

打通“学思达”教学“任督二脉”

历经 17 年的教学实验，我成功打造出最简便、最容易复制的“‘学思达’教学法”，学生在课堂上得到比填鸭式教育更高效益、更多思考、更大成长、更丰富能力的训练与培养。

“学思达”唤起学生学习热情，同时也唤起老师的教学热情、感动与专业，我期待“学思达”能在台湾地区的课堂百花齐放，因此特别指出“学思达”教学的三大关键，让更多老师可以在我打造的基础上，用自己的特质与独特能力再去进行更多、更好、更杰出的发展、突破与开创。

“学思达”教学法完整流程

容我先简单介绍“学思达”教学法的整个完整流程：学生自学→思考问题→组内讨论→上台表达→老师补充。老师补充完之后，重新循环，周而复始。

补充说明如下：学生从个人自学、自行研读（可训练阅读能力）、自行思考（增加思考训练）开始，接着小组讨论（分组以四人为佳，并排座位之前后四人为最适宜，只要前面两位同学转头讨论即可，也就是不一定要大费周章全班搞成П字形或特殊形状。分组总人数每超过一人效果就会下降，因为人数太多，不利于每个人发表及聆听。小组讨论可训练团队合作，又可增进小组成员之间的感情），共同分析、归纳、整理，然后由老师抽签，让一个学生上台发表（此学生讲述的成绩，由同学互评，没有个人成绩，发表的同学代表全组分数。学生发表时可训练表达能力，效果奇好无比）。若抽到的学生上台不会回答，小组其他组员可赶紧上台相互支援。其余各组的组长则针对被抽到的学生所发表内容，进行评分（这样同学才会认真聆听，专注聆听别人的讲述也是一种基本的礼貌训练与要求）。最后才是老师补充（所以老师只要补充精华和最重要的东西即可）。

如此不断重复进行，大约一堂课可讨论三到四个问题，也就是说要控制好自己的上课进度，只要控制问题数即可，但同时也说明了每一个问题内容都非常宝贵。若要让进度变快，方法也很简单，只要把学生自学的部分让学生事先在家里完成（请尽量避免，因为学生回家基本上已经没有多余的时间可以预习了），上课只剩讨论、发表和老师补充，上课速度自然就可以加快。

当学生在课堂上不断切换学习样貌，才不会像填鸭式教学时一样永远只有看讲台上的老师和桌上的课本，毕竟一般人的最佳专注学习时间只有 15 到 20 分钟。当学生自学时，是看自己桌上课本与讲义；进入思考、回答问题时，学生则是动手写下重点与关键字；进行讨论时，学生可以转身、开口和组内伙伴讨论；学生上台表达时，所有同学又抬头观看台上学生；老师补充时，学生又转向看讲台旁的老师。学生的学习样貌不断切换、不断改变，是一个连续运动的积极主动参与状态，而不是从头到尾的静态被动聆听状态。连续运动的学习状态才是健康的学习状态，最符合充满青春活力好动的学生真实生理状态，也最能保持住学生的最佳专注时间！

来观过课的老师应该都印象深刻。当学生自学时，几乎没有任何声音；进入讨论时，即使全班都在讨论，声音也很小，为什么？

因为真正的讨论，同组之内只会有一个人说话，其他人是专注聆听。虽然看起来像全班都在讨论，实际上却只有少数人在发表，并且这些发表的人，声音通常不会太大，因为大脑有一半脑容量是在思考。等到学生讨论愈来愈大声，甚至有笑声，通常表示已经讨论完毕，开始聊天，这时候就可以抽签让学生上台发表。

若再对照前文所提的“学习金字塔”来看学生接受“学思达”教学法的变化。当学生开始自学是 10%（阅读）→思考问题（演练 75%）→组内讨论（讨论 50%、教授他人 90%）→上台表达（展示 30%）→老师补充（5%）。换句话说，“学思达”的学习效果可以从最低跃升到最高。

“学思达”何以能达到高效益学习效果呢？且看其中三个关键。

关键一：全新制作以“问答题为导向”的讲义

以前老师上课都太轻易告诉学生答案了，当老师告诉学生答案，学生就只剩下接受或不接受，接受的人就只剩下“背诵”，不接受的人就会出神，然后睡着。而接受的人不久精神也会开始疲累，因为超过 20 分钟的专注时间了。但如果“答案”是由学生自行“思考”出来的、“讨论”出来的、“发表”出来的，学生几乎不需要背诵，就能轻易记住答案。而且上课时学生都是不断在低头研读、群体讨论、上台报告、注意聆听。换言之，学生在课堂上是不断在运转着、转换着、变化着，而不是从头到尾呆坐板凳，听老师侃侃而谈，讲述 50 分钟。

讲义要以问题为主轴，一个问题，提供一份资料，资料要切成一小段、一小段，方便短时间阅读完（最好是 20 分钟之内），方便集中焦点讨论。讲义要循序渐进、增加深度，这样学生才会由浅到深、由易而难、由窄到深，这样收获也才会更大。所以低层次的认知内容，请直接提供完整资料给学生，老师只要讲高层次的理解、思考与表达。讲义制作最重要的一点就是：要让课本的知识与学生的生命、处境与现实发生关联，这样学生学起来才会觉得对自己有用！

讲义要从课文开始，延伸到课外，从简单而逐渐增加难度、广度和深度；同时也要认清自己学生的程度，做出适合学生程度的定制化讲义（更详细讲义制作原则，请看后文）。从前老师们以为很难的学问，费尽唇舌，自己讲个半死，学生也未必听得进去、未必能听得懂。但是，通过学生自学与讨论，老师甚至可以一个字都不用讲解（当然，学生自学之后还是不懂，老师还是要先讲解），学生即可读懂七至九成讲义资料，也能答出七成，甚至完全正确的解答。

请不要再花时间讲解学生自己看就能懂的知识（这样不像是在搀扶着学生走路吗？学生明明就会走、会跑、会跳，老师们何必把学生当作残障人士），其实只要老师给学生足够资料，他们自己就能看懂！所以学生为何不能拥有备课用书？不能使用教师用书？老师们自己都看这些资料，为何学生不能看？不要吝啬，也不要害怕，统统提供给学生！该给学生的充足资料统统提供给学生，老师不要再麻醉自己，也不要迷恋自己了！

至于问答题的题目设计，确实考验着老师专业知识的学养与问题意识感，因为老师编讲义设计问答题时，必须不断思考“这样的问答题是要训练出学生何种能力”，同时又必须呼应认知目标确立与否。当代最常讨论的六大认知目标，是由美国教育心理学家本杰明·布鲁姆（Benjamin Bloom）在《教育目标分类学》所提出的“知识→理解→应用→分析→综合→评价”（后来学者又修订为“记忆→理解→应用→分析→评鉴→创造”，其中我认为“创造”修订让人激赏，“创造”确实是认知目标最高层次，同时“创造”也是引领时代进步的最重要动力），老师要设计问答题的题目，可以时时拿这六大认知目标来参考，尽量由低阶问到最高阶，当然也可以针对学生的差异化特质，来进行差异化题目的设计，例如常态编班就设计各种低、中、高阶并存的问答题来训练高、中、低成就的小孩，如果是精英学校的学生就设计高层次的题目……以此类推。

关键二：学生分组

原则上将紧邻的前后座位四个学生分成一组，每组选出一名组长。老师制作一张可供一个月评分用的评分表，交给组长。分好组，让各组向全班报告各组所有组员名单，各组组长逐一登录在自己手上的评分表。

如此则全班分好组，各组组长手上也有其他各组名单。日后每抽一位学生上台，组长可依上台学生发言内容给分（我的方式是针对答题满意度给 1 到 3 分，上台同学没办法回答，全组也都没有抢救回答，则以 0 分计。此评分规则可由老师们自行调整，原则上都是加分，采用正向鼓励原则）。最后每到一个阶段（如一个月，或学生段考更换位置之后）则加总全部分数（各组组长先将自己手中的那张评分表先加总起来，然后各组将全部加总的评分表交给语文小老师，由语文小老师再将各组的总分全部加总起来），依总分高低区分各组名次，名次高者则整组同学都是该次平常分数最高者，依此递降之（我的间隔是 2 分，最高组是 98 分，第二高分则是 96 分，以此递降。老师们可以自行决定和调整分数。总之，一定要让学生进入竞争与评比，这样才较能保有学生的学习动力）。

不久之后，就会有同学问：“老师，我们这一组都没被抽到，没有分数，怎么办？”遇到这种情况，老师只要抽完学生回答之后（一开始，每一题原则上都要抽签，这样每个学生才会阅读资料。学生愈来愈主动自学，就可以开始进行各种变化了），例如问一声有没有要补充的？（也就是开放给同学抢分）老师就会发现，很多同学争先恐后急着要回答！（这大概是在台湾地区课堂很难见到的奇景，不信，请老师们各自在课堂上尝试看看！）

以前我也常“以问题为导向”的方式来教学，但是只要我抽了一个学生之后，其他同学就松懈了，因为不干他们的事了，甚至也不想听，只有被抽到的学生倒霉（这也是之前我觉得失败的主要原因）。但是将学生区分成一整组之后，又将学生成绩绑在一起，同组的人会一起紧张；将评分权交给学生，其他组的同学因为要进行评分也得认真听，全班同学就会在一种得分与被评分、讲述与聆听的专注状态下进行学习，那种专注叫谁看了都会感动。

大家不要轻视让学生上台表达这件事。这对学生是一个非常重要的训练，而且通过上台表达训练，学生会从一开始发抖、不知所云、赘词一堆、回答不准确，不断经由老师引导、口才便给同学优良示范，就可以不断地成长。只要两三个月之后，老师们就会发现，学生不再害怕上台，上了台都能侃侃而谈，试图准确回答讲义上的问答题。为什么？因为有良好的示范，同时下面有很多眼睛盯着台上学生，要给他们评分！

我分享一个案例，有一班某同学大概天生内向，第一次被抽上台，杵在讲台上挤眉皱额，一句话也说不出来。我觉得不能打击到她的信心，于是发想出同组可以救援的机制。第二次又抽到她（同组的人都不禁小声喊出："惨了"），她上了台，还是挤眉皱额，我跟她说："你只要说一句话就行了！"然后她又挤眉皱额，隔了一会儿，她终于说了第一句。我开心地叫全班给她热烈鼓掌！然后她就多说了五六句，唯一美中不足的是，她面朝黑板，把屁股朝向全班。第三次又抽到她，我跟她说："如果你能面对全班同学讲，那就更好了！"没想到，她真的慢慢转过身来，面对同学，然后艰辛地讲了十来句！（我当然又让全班为她鼓掌、喝彩）——从这位学生的身上，我感受到了同侪学习、相互提携、精进向上的巨大力量，也感受到了提供一个舞台让学生上台尽情发挥、尽情练习、尽情表演的重要！

关键三：老师引导

老师一定要记住一件事，如果是从初一开始"学思达"，那表示学生已经接受了6年“扎实”的填鸭式教育；如果是从高一开始，那就是9年；如果是大一，那就是12年。学生被“填鸭”久了，要把他们的习性、惰性突然改变过来，需要一定的时间和适宜机制引导，不然学生一定会反弹！

一开始可以先向学生说明填鸭式教育对学生的残害（学生一定深感共鸣）、学习金字塔理论的学习成效真实分布，以及为什么要进行教学改变，同时介绍“学思达”的理论与实际操作。

老师一旦开始进行“学思达”之后，就会发现自己能力严重不足：不会编讲义、不会设计好问题、不会课堂主持、不会引导问答、不会追问、不会统整、不会制造合作与竞争的机制与气氛，甚至不会辅导……尤其是辅导，当学生不自学、不讨论、不发表时，老师常常无可奈何，甚至和其他学生一起厌恶、排挤该学生。其实学生表现出这些行为，都是求救信息，就需要协助。当学生需要协助，老师却无能为力，这才是教学现场最惊人的警讯。老师们对于问题学生束手无策，只期望交给辅导室，是不对的。因为有时候问题学生的产生常常是被“填鸭”过度产生的后遗症，学生压抑太久、感到厌恶，就出现各式各样反抗的举止。从前，老师每一堂课都忙着赶进度、忙着“填鸭”，只剩下课十分钟和午休可以辅导学生，但是“学思达”之后，老师每一节课都有充足的时间可以一对一辅导学生，就怕老师根本没有辅导学生的能力！——所以“学思达”，要和辅导能力杰出的专家合作（例如将萨提亚模式融入教学的李崇建老师）一起来帮全台湾地区的“学思达”老师增能、增强辅导能力！

老师上课引导问答时，只要记得一个最简单原则，就是“藏住答案”，就像猜灯谜、就像悬疑小说，要卖关子，持续诱发学生的好奇心、保持住学生的思考动力，这样就对了。

以前念书时，有些老师很喜欢玩这一套“藏住答案”的游戏，一进教室就神秘兮兮地说：“哎呀，老师好想告诉你们一个秘密哦！”这时候绝大多数学生都上钩了，怕有人还不上钩，老师又抛出第二个钓钩：“可是你们导师叫我不要讲！”接下来再抛出第三个钓钩：“可是我好想告诉你们哦！”学生就全部上钩，眼神晶亮，异口同声焦急地请求：“哇！老师，快讲！快讲啦！”大家有没有发现，老师其实什么都没做，可是学生全部注意力都集中在他身上。因为这位老师诱发了所有学生的好奇心。所以我常讲写作其实没什么秘诀，只要记住，一直让读者持续保住好奇心就行了。好奇心要如何制造出来？最简单的方法，就是不告诉读者（学生）答案！但是老师教书，常常反其道而行，一直讲答案，学生只能背答案，这就是老师的问题，老师一定要改变。

老师可以用问答题引导出学生怎样迷人的学习样貌？我且来举个例子说明：有一回课堂上有道问题非常困难，学生此起彼落争先恐后回答，但没人可以答得出来，下课钟声响了，我说自由下课，但学生们大喊："老师不要下课！搞什么！我们还没有想出来！"我又开始让学生思考、抢答，一直到上课铃声响了，下一节任课老师已经等在门口，学生仍旧答不出来，我说不行，今天一定要在这里结束了，然后就走出教室门口，学生还哀叫连连、依依不舍。隔天上课，我走近教室，发现有个学生在后门口等我，一看到我就很兴奋说："老师，昨天那题，我知道答案了！"我问："你怎么会知道？"她说："我上网查的。"我说你网络上不可能查到。学生就说："对，所以我自己查了二三十个网页，综合起来，推敲出答案！"我请她说一说答案。当她讲出答案，我马上伸出右手指，大喊："you got it !"——各位想想，这种引导是不是很像猜灯谜，是不是很刺激，而且还引导出自学的动力？

要怎样让学生相信"学思达"教学法对他们是好的，甚至对他们日后的大考成绩是有利的？这是一个关键问题。关于前者，不用解释太多，因为学生们很快就会自己发现：上课变得很有趣、精神很专注、不会打瞌睡、学习效果变好……至于后者，当学生多元能力不断增加时，考试能力就马上变成多元能力下的一个能力而已（填鸭式教学下的学生只剩考试能力，其他能力大多得不到培养），学生多元能力增加，考试能力自然也跟着一起增加。（关于这一点，很多“学思达”老师已经可以证明。训练一段时间之后，他们常常对学生成绩的长足进步，感到不可思议。）

是的，“学思达”教学法的成败关键，就在于“课前讲义制作”“事先分组”以及“老师引导”这三件事情上。如果有来观课的朋友就会发现，教室讲台上会有两支麦克风，一支是专给学生用的，另一支则是我的，我的位置不在讲台上（讲台专属给学生），我的位置是在讲台的左下方。进行“学思达”教学法，老师的工作不是讲课，而是课前制作讲义、课堂聆听学生回答、矫正学生的表达方式（如身体摇晃、不拿麦克风、面前的三千个观众会听不到声音、赘词一堆、态度不端庄、讲话不得体……），引导学生用准确的答题技巧、次序、用语，引导学生回答出准确的答案、追问更深入的问题……如果有学生答得很好，就要大喊：“you got it !”如果答不出来，赶紧开放抢答，营造紧张气氛、制造抢答高潮……最后，老师才补充说明更深入的内涵与延伸。

如此一来，学生下课时，很少人会问你，老师这个题目的A选项为何不行？而是，老师我觉得墨子的兼爱思想很难施行吧？老师我觉得苏东坡在乌台诗案之后的旷达和凄苦心情是有矛盾的吧？老师我觉得孟子好爱乱骂人、心胸又狭窄、又喜欢吃醋（因为孟子骂墨子、杨朱骂得很难听，有礼貌的高中女生颇不以为然）……这样教书，其乐何如啊！

所以，老师要训练自己的，不是把课本（备忘）写得密密麻麻，而是要训练自己的主持功力、思考能力、引导能力、机智反应能力，甚至表演能力，这样才能得心应手，进行“学思达”教学。

08

五原则

掌握“学思达”讲义制作诀窍

“学思达”教学法之成功与否，讲义制作的良莠是关键之一。因此，讲义制作非常重要。“学思达”讲义的制作，只要记住几个简单重要原则即可。

（一）不论什么素材都可以当作讲义材料，只要提供足够补充资料，学生就能自学：所以任何科目，只要有材料，不管是影片、音乐、图案、文字，都可以变成讲义的内容。

（二）资料之前要设计问答题，当作引导学生阅读资料的思考起点：资料要切成一小段，每小段资料方便短时间阅读完（最好能设计 20 分钟读完），同时方便集中焦点讨论。（一）和（二）非常重要，因为一般教科书必须经过冗长的编审过程，只能提供过去的事件、创造与研究成果，对于最新的事件、创造与研究成果，通常不能即时呈现。这时候就只能依赖授课老师自行编制讲义补充，问题又出在老师赶课都来不及，哪有多余时间补充新资料（如此一来，学生就只能一直学习旧有的资讯与知识），就算老师真的补充了新资料，也无法提供太多，因为学生读不完，更糟的是学生还未必捧场。——但是“学思达”通过自学产生的高速度，以及问答题为导向，有了多余时间与高效益，老师补充新资料变得轻松、容易、有效率。老师只要提供完整素材，再提供好的问答题，学生就能自学到最新、更宽广的资讯与知识，而且还能配合时势演进，而一直推陈出新。

（三）讲义要以学生真实学习程度为起点：讲义制作要符合学生的特质与程度，提供定制化的讲义，也就是说“学思达”讲义能真正做到因材施教。（另外，老师尽量不再讲低层次的认知，学生可以自行阅读，老师要多补充、多统整高层次的理解、思考、创造、应用、评鉴与表达。）

（四）讲义要从课文开始延伸到课外，由浅而深、由易而难：从学生的起点开始，由简单而逐渐增加难度、广度和深度。这样学生才会由浅到深、由易而难、由窄到深，收获也才会更大。

（五）让课本的知识与学生的生命、处境和现实发生关联：唯有知识与生命发生关联，学生才会觉得学习知识对自己有用！

如何训练学生的能力，让学生在课堂上展现他的学习力？怎样观察学生学习的质和量？其实，从老师编写的讲义就可以看出端倪。讲义是师生彼此学习力的“呈堂供证”。好的讲义是以课本为基础，然后不断延伸出去，要适合学生的程度来设计问题。问题好坏不单只是记忆理解的不断机械式的操作，也就是一般小考的内容，还要能跳到理解，最好进阶到分析、评鉴，甚至创作等层面。尽管“理解”到“分析”这些层次不易成为选择题，但这些才是知识可运用、学生带得走的能力的关键。

一言以蔽之，看一个老师的讲义就能看到老师的教学能力、学养与创新能力。如果只以课本本身为内容去教学生，就是基本款。以课本为主要内容来教学生的话，我们能够评量他的就是他的教学技术。教学技术一翻两瞪眼，你从头到尾一直讲，就是填鸭式教育。从头讲到尾又分很多等级，表达能力很差，表达能力普通，表达强还带有表演力、感染力，等等。（补习班老师哪个不是填鸭式教育？可是学生为什么乐在其中？因为他们表达能力强、有表演力、感染力，每隔几分钟就会讲个笑话、填鸭出淋漓尽致的成效、时时注重教学绩效。接着就用机械式评量，不断训练学生，以求得亮眼成绩。——但这终究还是“填鸭”。）如果老师在课堂上，有让学生回答问题，那就是提问式教学法。老师有让学生分组，那就是分组学习，或是学习共同体。老师有让学生自学，那就慢慢进入“学思达”。换句话说，每个环节都有好坏之别。

我所谓的好坏是，第一，老师有没有做讲义？讲义做得好不好？适不适合自己的学生？第二，老师是怎么教书的？是一直讲还是也让学生讲？第三，若是让学生讲就牵涉到分组，有分组吗？怎么分组？分组分得好吗？第四，老师有训练学生表达吗？如何训练？学生是坐在原处还是上台讲？上台又是怎样讲？讲的内容如何？第五，老师有没有统整、有没有主持能力？能不能适当控制时间？能不能引导学生进入高层次的思考？——也就是说，其实可以做出一张简易自我评量表，以“学思达”教学要件来检核老师的各种能力：制作讲义、主持、引导、控制时间、表达、辅导与班级经营。

制作客制化的“学思达”讲义——以语文科为例

语文科每课课文，主要分为“作家介绍”与“课文本文”两部分。如果该课作家非常重要，补充讲义就要非常丰富，借以凸显作家的分量。（课本让所有作家各占一课，这是齐头式的平等，试想当代作家有哪一个人胆敢说自己可以和李白、杜甫、苏轼、司马迁平分秋色、并列抗衡？）所以遇到重要作家，就要用重量级的分量去介绍、去凸显他的文学成就与地位。——这也是为何我一遇到像苏轼、柳宗元、范仲淹、司马迁，讲义补充内容都特别丰富、问答题数量特别多的主因。

再者，作者介绍时，可以善用网络资源，如“维基百科”“百度百科”“中文大百科”，以及出版社提供的“教学电子资料”，剪裁成一小单元，每一个小单元提供一到数个问题，让学生去思考这段资料的重点。换句话说，你要让学生学到什么，你就提供什么样的问题让学生思索。如果学生程度不好，老师就要提供多一点的基础认知问题，让学生去找出答案；如果学生程度佳，基础认知的题目就可以减少，直接进入理解、思辨与推论的问题。所以我一直强调要依学生程度不同而制作出不同的讲义，没有一成不变的标准版讲义。这是定制化的教学，完全以学生为主，提供给学生最适当的学习内容！介绍到重要作家时，我会同时大量提供该作家的重要名作，通过学生自学完成大量阅读（学生如果没自学，结果就是老师折磨自己，讲得累歪歪，学生还未必买单），如此一来，进入课文之后，学生就会发现课本选文怎么变得这么简单，为什么？因为“先难后易”了。

课文编制讲义的重点，除了提供大量完整补充资讯之外，题目的设计最为重要。如果大家仔细参考我设计的题目，就会发现，我每篇课文都在讨论三个主题：文意理解、写作技巧和生命学问。

第一个主题容易理解，第二个主题我必须说明一下。我对修辞学、章法学的看法和一般人不同，老师或者研究者大多着重在后见之明、着重在归纳、分析与判断；但在实际创作面，修辞学和章法学是发生在创作之前，着重在发想、筹划与创造，也就是先见之明。老师教会学生判断用了什么修辞格、构造出什么章法结构，那太容易了，但要教会学生理解为什么作家会这样用？什么时候用？这样用有何好处？就比较难了。为什么教会学生用这些东西很重要，因为学生以后才懂得作家创作时的诀窍、技巧和奥秘（这一点很多老师未必知晓，为什么？因为没有实际创作经验的人，很难懂得这些东西的重要）；如此一来，学生才会学到完整的修辞和章法（大部分学生只学会判断，却不会运用，所以只学会一半而已，而且还是比较不重要的那一部分），也才会真正有用，因为可以拿来欣赏，也可以拿来进行创作。

第三个主题：生命学问。我要特别说明一下。我是纯种师大人，一路从学士读到博士，再加上是资优保送，大一时就有指导教授教导写作学术论文。大学毕业后，我最大的收获也是最大的疑问就是："我写这些论文，除了得到硕博学位或教授头衔之外，对于自己的生命有什么帮助呢？”这个疑惑如影随形地跟着我到读博士班，一直到我进了奉元书院听毓老师讲经学之后，我才恍然大悟、深切体会到什么叫作“生命学问”。假设像我这样一个教中文的人，无法在课堂上传达生命学问，那么我所教的必然只是空洞（或者美其名曰文艺、美感）的文学欣赏罢了。假设我连自己都说服不了自己、连自己都不能感动自己，我上课如何能说服学生、感动学生呢？所以，我教书不是教文学而已，我是要用生命力去感动学生一辈子、我要影响学生的价值观一辈子、我要用智慧去启蒙他们一辈子。唯有如此，我才觉得自己做到了韩愈所说的“传道、授业、解惑”，也唯有如此，我才觉得我有点儿资格说，我是毓老师教出来的学生啊！

最后，我所做的示例讲义只有“完全”适合我的学生，所以若想要拿这些讲义直接上课的老师，必须先衡量自己学生的程度，更应该要因地制宜、因校制宜、因人制宜，制作出各种不同适合各自学生程度、能力、特色的全新讲义。不过制作讲义的精神与注意事项，都是一致的。

文章末了，我以《崂山道士》一文来示范完整的讲义制作，包含“作者补充讲义”及“课文补充讲义”，主要编写原则乃依照本文所述原则。同时在两份讲义之前，我特地设计了几道问题，让读者或老师们思考一下，这两份讲义编写时，所需要考虑的诸多细节与设计思维，欢迎大家一边看讲义，一边思考答案，这就是最典型的“学思达”。由于内容庞大繁杂，为利于阅读，《聊斋志异 · 崂山道士》作者补充讲义，请直接扫描二维码或上网：http://goo.gl/9RfrNA；《聊斋志异 · 崂山道士》课文补充讲义，请直接扫描二维码或上网：http://goo.gl/OYvH7W。

（作者补充讲义）　　（课文补充讲义）

09

三技巧

用《青春第二课》教人生教阅读教写作

写作其实不只是写出一篇文藻华美的文章，最重要的是练习表达和整理思考。但目前的中小学教育中缺乏系统性的写作引导课程，更缺少带领学生发展思考和表达的机会。我在写作上略有心得，这两年又发现《青春第二课》(上海三联书店，2015年出版)这样的好文本，对学生写作非常有帮助，接到许多老师和家长的询问，因此在此分享如何让一本书成为作文和生命教育的素材。

为什么选择《青春第二课》阅读？

先来认识这本书的作者王溢嘉。王溢嘉是台大医科毕业，拿到医师执照后，最终却选择所爱，弃医从文，成为一名作家。在台湾地区，医科学生99.9%以上必定选择行医，弃医从商可能有，弃医从文者绝少，王溢嘉就是这极少数中的一个。他写了很多书，《青春第二课》是专门写给青少年看的。这本书对初、高中生太重要了。为什么？且让我来详述之。

一、这本书言简意赅，在242页的篇幅中，可以看到108位世界名人故事。差不多两页一个故事，叙述了古往今来各行各业杰出人物的生平、成就，以及这些人物在青少年曾经遭遇过的困扰、挫折与打击，最后他们如何克服的过程。这样就约略能知道这本书将带给初、高中生多大的影响，因为它很快就让学生认识了全世界各行各业的杰出人士，学生的眼界、胸襟、见解皆得以迅速提升、开阔与增强。

二、这本书完整呈现出青少年各式各样的烦恼，用这些成功名人的经验来告诉学生，就连伟大人物也曾有过这样的烦恼，这些烦恼都有克服之方、解决之道。

三、这本书对于训练初、高中生阅读和写作太重要了，它是写作文章最重要的原始材料来源，丰富且多元。原先我亦想写本类似的作文宝典，看到此书，转念一想，何不好好运用此书即可，即使花大功夫也未必能达到此书效益，于是发明一整套淋漓尽致运用此书的妙法。

老师如何在课堂上使用《青春第二课》？

一、利用每节课钟声响起即开始自学阅读

每一堂课上课钟声响起，老师尚未进入教室的3到5分钟左右，基本上都是浪费掉的。只要能利用这段时间，持续阅读，积少成多，初中三年或高中三年，就能得到惊人的阅读量。以我自己的实际操作成果来看，利用每节课的前五分钟阅读，不到一学年时间，《青春第二课》就读完了。当然，一两个小时也能读完此书，但不是囫囵吞枣读完就算了，而是老师（家长在家也可以照同样方法操作）通过这本书进行延伸、深化，甚至创造出其他成果。

二、提高学生阅读的位阶

如何落实利用每堂课钟声响起，而老师尚未进入教室之前的这段零碎三到五分钟，让学生开始自行阅读《青春第二课》？老师如何才能办到？又为什么学生乐意乖乖阅读？很简单。

第一，规定学生阅读任务。

单纯的阅读，学生大多只是接收者，没有对话与行动参与的机

会。但如果提供学生阅读任务，让学生阅读之后有其他任务，阅读文章成为基本条件，学生必须将阅读材料再转化成更高层次的理解与创造，这样阅读才不会单调、无聊，也才不会流于肤浅与片面。

以此书为例，此书的好处在于一篇文章只有两页，方便学生短时间阅读完毕，然后规定学生（将学生分成三到四人一组，方便讨论）思考“两个作文题目”，可运用所读的两页故事，当作这两个作文题目之下的例子。学生阅读完毕之后，便会开始发想作文题目，这时学生已经从接收者成为命题者（类似老师角色），学习位阶自然提高。

再者，当学生被抽签上台发表作文题目之后，老师或家长可要求学生，试着浓缩两页的故事成为文章中的一段。这时候学生就会不断练习缩写的能力。当然，事前必须先教会学生缩写的方法。严格来说，王溢嘉也是以缩写法写成此书，他从名人传记、资料中缩写成两三页文章，学生可以再从这两三页文章缩写成一段文章。

第二，适当运用同侪压力，彼此约束。

一开始如果老师走进教室，发现有学生没在阅读，必须马上处理，先口头警告一次，下次再犯，马上必须上台回答阅读任务（即两个作文题目及缩写例子），通常学生一定答不出来，这时候只要扣团队分数，学生迫于同侪压力，不太容易会再犯。等到实施成功后，老师们就会发现铃声一响，全班自然而然进入坐定安静阅读的迷人状态。而且是每天每节都在深度阅读，唯有这样长时间、持续地阅读，学生的阅读习惯才可能被培养起来!

三、老师补充与邀请名人来教室为学生演讲

当学生上台讲述结束之后，老师可以再开放其他组上台发表其他作文题目。最后，老师除了评论学生想出来的作文题目好坏、缩写重点准确与否之外，可以再针对文章中名人的故事，深入各种生命情境、道德教学。因为每篇文章故事的主人翁，各自遭遇到各式各样的困扰，亲情、友情、爱情、身体残障、情绪困扰、性别认同、族群认同、国家灭亡，面临关于失去、欠缺、死亡、病痛、挣扎等各种学生已然经历过或未来可能遭遇到的情境，老师都可深入发挥之、引导之、说明之——这时教书就不仅只是教书，而是教人、教智慧了。

再来，网络发达带来的便利性，好处就是每篇文章的名人，绝大多数都可以在网络找到他们的相关影片。换句话说，当学生看完某名人故事之后，自行创想出两个作文题目，聆听或发表自己的题目和缩写内容，又听完老师的讲评与引申之后，接着再看故事主人

翁的影片，进到教室为学生现身说法（可扫描此二维码，或上网：http://goo.gl/hyF3gp），影像声音俱全，比老师自己凭空讲的效果要好上几百倍。

如此一层一层加深学生的印象、一步一步抬高学生的学习位阶、一次一次变化学习样貌，先自学、再创发，继之以影像刺激，形成一个完整的阅读过程。有自学、创造、聆听、评论、印证，并且节复一节，日复一日，长时间累积，阅读和写作才会不断累积出能力与实力。

如何让学生从《青春第二课》再创造出属于自己的东西？

《青春第二课》每篇文章可以分成两半，前半段是叙事文（或抒情文）的写法，后半段是说明文（或论说文）的写法，这两种写法很不同，各有特色。限于篇幅，这里只先针对说明文（或论说文）来做说明。因为说明文（或论说文）经常需要使用到例子来说明，可以让学生把这些例子缩写起来，当作自己的材料。当然最重要的是要教会学生缩写的技巧，一旦学生学会了，什么材料学生都能自行缩写起来，不是只限于《青春第二课》。《青春第二课》的优点就是例子多且好，而且作者的文字精练、见解高明。

缩写人物例子，只要记住如下几个简单原则：

❶ 人物及主要成就。

❷ 人物生平某一段之经历，且与题目有关者。

❸ 让人物讲话（增加亲切感，同时增加说服力）。

❹ 我个人对这个例子的评论。

这四大原则可以自由变化，自由增删（也就是说四个原则里头可以只有❶❸❹，可以只有❸❹，也可以只有❷❹，还可以只有❸或❹），可以将一个例子缩写成两百字，也可以缩写成一百字、五十字，甚至一句。

举一个简单例子来看，书中有《主修人类学的音乐神童》一文，可以将它缩写如下，变成一篇说明文的一段。

闻名全球的华裔大提琴家马友友（以上是主要成就及人物姓名——❶），4 岁开始学琴，高中毕业后选择转学就读哈佛大学，但念的不是音乐系，而是人类学系。（以上是主人翁生平的某个事例，最好和题目有关——❷）后来有人问他为什么要这样？马友友回答："现在我所做的一切，都要归功于当时在哈佛大学所受的人文思想教育。”（让主人翁讲话——❸）马友友的大提琴声，常常给人一种大器、开阔、情感丰富、平易近人的感觉，因为他在青少年时代，就知道他要做一个不是只会拉大提琴，而且还会独立自主、对历史、文化、哲学与心理学都有相当素养的“完整的人”（评论这个例子——❹）。（至于如何运用“缩写法”的技巧，将写作发挥得淋漓尽致，请详看下一章《运用缩写法写好文》）。

可不可以选另外一本书？

当然可以，但是有几个重点最好能兼顾。第一，内容尽量多元，因为学生日后也是多元发展，不要一本书只集中在一个偏窄的领域或范围。第二，最好能有多种能力的训练与培养。内容丰富之外，又能提供给学生全新、开阔的视野、实际能力、待人处事之智慧等等。这样的书很难找，但是《青春第二课》做到了。在我看来，这本书最适合中学生看，中学生看完之后，没书可用怎么办？又或者小学生该看什么书？就请老师或家长费心寻找，如果都找不到，我以后有空，再来帮大家编几本可以看、可以用的书。

10

七范例

运用缩写法写好文

如前文所提，练习缩写文章精华，大大有助于学生的写作能力，本文特别示范如何将缩写法嵌进自己的作品里。让我们以书中《主修人类学的音乐神童》一文，来详细解说缩写的方法：

1971年5月，一个不到16岁的青年在纽约的卡耐基音乐厅举办他个人的大提琴演奏会。会后，佳评如潮，《纽约时报》以“年方十六，技惊四座”为题，对他的娴熟技巧和超凡乐感大加赞赏，预言一颗音乐巨星正冉冉升起。

虽然他4岁就开始学琴，5岁就在众人面前表演，并在朱丽亚音乐学院跟随大提琴家雷纳德·罗斯学艺多年；但在高中毕业后，他就读于离家不远的哥伦比亚大学。因为“依然住在家里，他觉得自己好像还在过高中生活”，念不到一年，就转往哈佛大学，离开家人，去当自行料理生活细节的住校生。虽然也修一些音乐相关课程，但念的不是音乐系，而是人类学系。

由于在卡耐基音乐厅演出的成功，各地的演出邀请纷至沓来，但他觉得频繁的外出会影响他的大学课业，于是做出每月演出不超过一场的决定，以便挪出更多的时间来学习跟人类学本科相关的各种历史、文化、哲学、心理学知识，并于四年后获得哈佛大学的人类学学士学位。

他名叫马友友，当今闻名全球的华裔大提琴家。也许有人心里会纳闷：既然很早就表现出音乐方面的天赋，而且也知道将来会朝这方面去发展，那为什么还要去念和音乐没什么关系人类学系呢？那不是横生枝节，甚至浪费时间吗？但马友友说：“现在我所做的一切，都要归功于当时（在哈佛大学）所受的人文思想教育。”

很多音乐家都是在小小年纪崭露头角后，就由父母替他延揽名师，包办一切，他只需不断地练习和演出即可，但这样的音乐家即使成名了，生活与知识领域多半非常狭隘。马友友与其他音乐家最大不同点，在于他给人一种大气、开阔、情感丰富、平易近人的感觉。因为他在青少年时代就知道，他要做一个不是只会拉大提琴，而且还会自己洗衣服，对历史、文化、哲学与心理学都有相当素养的“完整的人”。

就像胡适所说：“为学要如金字塔，要能广大要能高。”不只做学问，做人也是如此，开阔的眼界让马友友整个人、他的音乐，还有他的人生也跟着开阔起来。

【范例一】200 字缩写法（请注意比对原文！）

举他人为例，必须有四个主要内容：❶ 人物及主要成就；❷ 某一段人物生平之故事与题目有关；❸ 人物讲话；❹ 我对这个例子的评论。四个可以自由变化，可以一个例子写成两百字一段，也可以二或三个例子缩成一段；也可以四个里头只有 ❶❸❹，可以 ❸❹，也可以 ❷❹，还可以只有 ❸ 或者 ❹。

闻名全球的华裔大提琴家马友友（以上是主要成就及人物姓名——❶），四岁开始学琴，高中毕业后选择转学就读哈佛大学，但念的不是音乐系，而是人类学系。（以上是主人翁生平的某个事例，最好和题目有关——❷）后来有人问他为什么要这样？马友友回答：“现在我所做的一切，都要归功于当时在哈佛大学所受的人文思想教育。”（让主人翁讲话——❸）马友友的大提琴声，常常给人一种大器、开阔、情感丰富、平易近人的感觉，因为他在青少年时代就知道他要做一个不是只会拉大提琴，而且还会独立自主、对历史、文化、哲学与心理学都有相当素养的“完整的人”。（评论这个例子——❹）

【范例二】100 字缩写法（也就是文章需要一段举两个例子之用！）

华裔大提琴家马友友（以上是主要成就及人物姓名——❶），选择就读哈佛大学人类学系。（以上是主人翁生平的某个事例，最好和题目有关——❷）他的音乐常常给人一种大器、开阔、情感丰富、平易近人的感觉，他曾说过：“这都要归功于在哈佛大学所受的人文思想教育。”（评论这个例子——❹，加让主人翁讲话——❸）

马友友（以上人物姓名——❶）曾说：“我现在的成就，都要归功于当年哈佛大学所受的人文思想教育。”（让主人翁讲话——❸）也因此他的音乐常常给人一种大器、开阔、情感丰富、平易近人的感觉。（评论这个例子——❹）

【范例三】50 字缩写法（也就是我要一段举三个例子之用！）

华裔大提琴家马友友（以上是主要成就及人物姓名——❶），他的音乐常常给人一种大器、开阔、情感丰富、平易近人的感觉，这都要归功于他在哈佛大学所受的完整人文思想教育。（评论这个例子——❹）

（只剩❶❹的写法）

【范例四】“一句”“两句”缩写法（我要用同样的句型来重复三、四个例子）

一句写法——

马友友（人物姓名——❶）的琴声常常给人一种大器、开阔、情感丰富、平易近人之感。（评论这个例子——❹）（上面的形容词是可以更改的，例如：“常常给人一种博大、自由、奔放、真挚、平和之感。”）

真实范例——三例叠在一起。

马友友的大提琴声常常给人一种大器、开阔、情感丰富、平易近人之感；费曼的物理奇想常常给人一种深入浅出、幽默、新奇、出人意表的观察力与思考力；张辉诚的文章常常给人一种朴素、真挚、诚恳的温馨感。

两句写法——

马友友（人物姓名——❶）的音乐常常给人一种大器、开阔、情感丰富、平易近人的感觉，都要归功于当年哈佛大学所受的人文思想教育。（评论这个例子——❹）

真实范例——两例叠在一起。

马友友（人物姓名——❶）的音乐常常给人一种大器、开阔、情感丰富、平易近人的感觉，都要归功于当年哈佛大学所受的人文思想教育；费曼的物理奇想常常给人一种深入浅出、幽默、新奇、出人意表的观察力与思考力，都要归功于他年轻时热爱解开这个世界谜题的各种好奇心。

【范例五】200 字缩写法，加上细节描述（各位请先看过影片，想象一下！）

（只剩❶❹，再加上细节描述）

马友友（以上人物姓名——❶）用大提琴演奏巴赫《无伴奏大提琴组曲》时，完全陶醉在他自己拉出的音符之中，时而俯身，时而昂首，眼睛微微闭上，神情舒爽，如同在梦境中轻轻摇晃着，仿佛琴弓与他的手已经融为一体，他抚拉着琴弦，拉出切切低语，擦出嘈嘈急语，他正与自己的内心进行一场甜美的私语，我们在一旁目睹了所有美好。（作者按：以上是细节描述，直接带读者看到现场）马友友的音乐之所以能够异于一般音乐家，表现出大器、开阔、情感丰富、平易近人，就在于他早在青少年时就知道要做一个不是只会拉大提琴，而且还会独立自主、对历史、文化、哲学与心理学都有相当充足素养的“完整的人”。（评论这个例子——❹）

【范例六】如何将例子与题目结合在一起

一、2014 年学测题目:《通关密语》(重点在“通关”和“密语”,示范如何变形成为文章的第二段)

闻名全球的华裔大提琴家马友友，4 岁开始学琴，高中毕业后选择转学就读哈佛大学，但念的不是音乐系，而是人类学系。后来有人问他为什么要这样？马友友回答：“现在我所做的一切，都要归功于当时在哈佛大学所受的人文思想教育。”马友友的大提琴声，常常给人一种大器、开阔、情感丰富、平易近人的感觉，(从底下开始变形)那是因为他在青少年时代就遇到人生第一个重要关卡，要成为一个专业琴匠，还是成为一个完整的人，他的内心密语告诉他是后者，他要做一个不是只会拉大提琴，而且还会独立自主、对历史、文化、哲学与心理学都有相当素养的“完整的人”。——是的，“做一个完整的人”，也是我人生中最重要的通关密语。(第三段就接自己的例子，变成叙事文加抒情文。要有细节、过程、转折、启悟。)

二、2014 年指考题目:《圆一个梦》(重点在“圆梦”,示范如何变形成为第二段)

每一个人都有梦，端看有没有圆梦的愿力与毅力。(加一段话在上面当引言)闻名全球的华裔大提琴家马友友，4 岁开始学琴，高中毕业后选择转学就读哈佛大学，但念的不是音乐系，而是人类学系。后来有人问他为什么要这样？马友友回答：“现在我所做的一切，都要归功于当时在哈佛大学所受的人文思想教育。”马友友的大提琴声，常常给人一种大器、开阔、情感丰富、平易近人的感觉，（从底下开始变形）那是因为他在青少年时代就懂得自己的梦想，他的梦想是想当一位音乐家，而且是对历史、文化、哲学与心理学都有相当素养的“完整人文素养的音乐家”，所以他在琴艺上不断精进，在知识领域不断开阔自己眼界与胸襟，在精神世界不断提升与升华，最后完成他的梦想，成为一个世界顶尖充满人文素养的音乐家——是的，有梦虽美，但仍需有圆梦的动力与坚持，梦想能圆，生命才能更圆满。（第三段就接自己的例子，变成叙事文加抒情文。要有细节、过程、转折、启悟。示范一下第三段第一句开头：“我也曾有一个梦想……”）

三、2008 年指考题目：《专家》（重点在“专家”，示范如何变形成为重叠出现的短例子）

专家，学有专精，在各领域各擅所长、独领风骚，带领着人类抵达各种知识、技术领域极其孤峭幽深处之后，专家又再以其卓越非凡的智识与能力，将山重水复疑无路的有限疆域，拓展出柳暗花明又一村的新世界。（可以先写引言在前面，然后再举例）马友友的大提琴在讲究精致专业的音乐世界，开拓出一种大器、开阔、情感丰富、平易近人的文人与音乐和谐的世界；费曼的费曼图与物理新发现，让人见识到专家的敏锐观察力与透视事物的洞察力；张辉诚的小品散文以一种专业的写作力带领人们重新审视寻常的一切（故意凑出这个例子让大家开心的啦，哈哈哈！）（一句话就是一个例子）。专家让人们站在巨人肩膀上，看到更宽广、更幽深、更清晰的世界。

（也可以例子先写，结论后写。）

马友友的大提琴在讲究精致专业的音乐世界，开拓出一种大器、开阔、情感丰富、平易近人的文人与音乐和谐的世界；费曼的费曼图与物理新发现，让人见识到专家的敏锐观察力与透视事物的洞察力；张辉诚的小品散文以一种专业的写作力带领人们重新审视寻常的一切（一句话就是一个例子）。专家，学有专精，在各领域各擅所长、独领风骚，带领着人类抵达各种知识、技术领域极其孤峭幽深处之后，专家又再以其卓越非凡的智识与能力，将山重水复疑无路的有限疆域，拓展出柳暗花明又一村的新世界。专家让人们站在巨人肩膀上，看到更宽广、更幽深、更清晰的世界。

11

二绝招

锻炼终极能力自学

“学思达”的核心关键其实是自学。

不管哪一种教学方式，学习共同体、合作学习、提问式教学……在我看来都是工具，只要是工具，必然会随着时代更迭而有所改变、甚至淘汰、推陈出新，所以我不把我的教学法命名为工具，而是以“能力导向”来命名，基础重要能力的训练永远不会随着时代改变而改变。“学思达”教学法的一切种种教学方法与机制设计都是为了支持与辅助学生自学能力的训练与养成。所有的思考、讨论、合作、竞争、表达等训练都是为了建立、确定、深化“自学”能力的辅助过程。换句话说，学生是一个个体，当一切机制撤离，离开学校之后，再也没有人和他共学、与他合作、对他提问，学生作为一个宇宙之间存在的个体，就应该拥有个体最基础的能力——自学。

学生唯有养成自学能力，才会对宇宙人生的现象、知识，充满好奇、探索、揭露谜团的兴趣、动力，还有能力。

自学之重要在于学习的主动权交还给学生、掌握在学生手上。但若是没有经过有步骤、长时间、适宜的自学机制引导、训练，把学习主动权交还学生，问题也会随之出现，因为台湾地区的学生被动学习的时间太长了、太习惯了，根本主动不起来，老师把学习主动权交还给学生，学生非但不感激，反倒觉得搅扰、觉得负担太重、抱怨多此一举，很容易就出现抗拒、反弹——这就像是我开始教书，觉得让学生“学会自治”“学会管理自己”很重要，所以尽量不插手学生事务，但是半年之后，班级就失控了。我后来深切体悟到，若是没有经过“他律”的阶段、长期而有效的训练，学生不太可以养成“自律”与“自治”。老师最应该深思的是如何找到让学生学会、习惯以及乐在“自学”。

学生上课不会睡着，能保有高昂学习乐趣的关键也是——自学。

老师如何才能训练学生自学呢?

（一）要提供给学生充足资料的课本与讲义

学生为何不能自学？因为资料严重不足。反过来说，老师何以上课能教书？因为老师拥有教师用书、参考书，以及课前备课之举、大学所受之专业学养训练，上课之前把这些都阅读、吸收、复习、整理过了之后，上课再讲解给学生听。这里头存在着两个惊人问题：一是老师和学生之间，资料严重不对等的关系（老师有充足的资料，但是学生没有）。二是老师通过讲述，一边讲解，学生一边抄写笔记，除非是训练听力和抄笔记能力，不然学习成效低落（5%）之外，同时又浪费学生宝贵学习时间（学生基本阅读速度是老师讲话速度的三倍），以及大量学习的机会。

所以，要让学生能够自学，必须提供充足的资料。学生看不懂的就要补充足够资料到让学生可以轻易看懂；老师上课要讲解的话语可以直接就变成文字，放进讲义之中。换句话说，学生只要有充足资料就能自学。（当然，也有老师问，为何不让学生自己查资料？当然可以，关键在于：老师到底想要训练学生什么能力？假设老师要训练学生动手自行从“各种管道”找到答案，如从图书馆、网络，老师应该还要再想的是：学生有没有这样的能力，是否先介绍图书馆和网络资源，以及学生有没有充裕的时间……）

如果提供足够资料，学生还是看不懂呢？例如数学、物理等科目。如果大家够敏锐，就知道这就是翻转教室与翻转教学的分岔点（翻转教室是回家看影片，到学校写作业、问问题；翻转教学是从传统的老师授课变成学生主动自主学习），也就是要提供老师讲解的“影片”了；如果不提供影片，那就是老师先上课讲解，再让学生自学。

（二）设计各种“强化机制”来刺激、引导、确认学生自学

学生有充足的自学材料，也未必会想自学，所以必须有一套又一套的强化自学的机制。第一个强化就是“以问答题来刺激学生思考”。学生面对问答题，不像选择题有选项可选，就必须自行从课本和资料搜寻答案，问问题来刺激学生思考、阅读、搜寻、整理、归纳，而且不同层次、不同难易程度的问答题，又会训练出学生不同的能力。

学生若自学也找不到、想不出解答，第二个强化就是“分组合作”，通过同侪的合作，让知道答案的同学去教不会的同学。若是都不会，学生自然就会打开手机，上网寻找答案。这个过程太重要了，这才是自学的表现。学生如果不知道答案，永远依赖老师提供解答，以后离开学校，自然很容易失去自行寻找解答的动力与意愿。

如果每组学生学习动机大多低落，那就再提供第三个强化“组间竞争”。让组内合作关系建立在组和组之间的竞争关系上，提供

学习的刺激与竞赛。有老师认为竞争会让学生产生功利性和挫折感。其实是然，学生离开学校之后，也要竞争的，为什么不让学生学会竞争，而且“学思达”是在团队合作的基础上展开竞争，不是教学现场上个人式通识能力成绩评比排名的恶性竞争。“学思达”提供合作与帮助，然后再展开竞争，并且所有的评分大多属于正向激励，加分多，扣分极少。如果学生已经拥有良好的自学习惯与能力，是不是一定要合作或竞争，当然可以不要啊！这个道理就像老师可不可以不要“学习共同体”，当然可以，如果老师有能力训练学生自学，何必一定要分组？但是如果办不到就要认真想一想，我需要提供那些强化机制，来建立学生自学能力。

如何确认学生自学成果？这时候可以再提供第四个强化机制“上台表达”。老师忙着“填鸭”，常常不知道学生学习状况，教完之后紧接考试，就变成教学常态。如果老师可以当场就确认学生状况，小考文化就可以大量减少，甚至消失在课堂上。所以每一道问答题都让学生上台回答，除了可以训练学生表达能力之外，更重要的是老师可以当场确认学生的自学成效。

一个又一个的强化机制，最终都是要训练出学生的自学能力！反过来说，一旦老师训练出学生的自学能力，就可以减少强化机制，减少竞争、减少合作、减少充足资料的讲义（让学生自行设计充足资料的讲义）、减少问答题（让学生自行设计问答题）、减少表达（变成文字或自行理解即可），纯然就是个体存在的自学状态，学生每个都是思考者，都是哲学家、科学家、艺术家、企业家等的原始模型，学生拥有无限可能。

更重要的是，自学才是学生一辈子都要使用到的能力、一辈子可以随身携带的能力，也才是终身一贯的最重要的能力！

辑三

『学思达』教学的回响

12

涌动

“学思达”大进击，但求平凡中见坚贞

我决定随时打开教室之后，脑海里马上浮现十年后台湾地区教育新景象，只要我持续努力就可能办到！

二十年前，我常听祐生研究基金会林董事长讲二十年后、五十年后、一百年后的台湾地区、世界景况，我常觉得董事长杞人忧天，讲的内容都像天方夜谭。但是二十年过去了，当初他预言的“气候变迁”“极端天气”等都被他料中了。我且举个例子，二十几年前，董事长便长期资助“台湾地区女子职业高尔夫协会”，因为他认为，台湾地区体育可以和全球竞争的只有女子高尔夫球，后来曾雅妮夺得世界冠军时，我马上想起董事长多年前的预言，惊讶不已。换句话说，林董事长的远见，他看到的未来，我根本看不到，而且我还

不愿意相信。所以当我看到第一次自己脑海浮现出十年后台湾地区的教育景象时，内心真正兴奋不已，我终于也有预见未来的能力！我从前所受的学术训练都是整理旧文献、拾人牙慧、后见之明。但是林董事长和毓老师教会我的是：先见之明、实学和行动力！

所以我推广“学思达”，一开始目标就是用十年时间，实践出已然预见的台湾地区的教育景象。

我的策略只有两个：多管齐下、十年计划。

策略一：多管齐下

推广渠道1 网络

一开始根本没人知道什么是“学思达”，教室开放了也没人来观课（因为从来没有这种事、老师也没有自主前往观课的前例或习惯）。好不容易盼到第一个北投某高中的地理科老师来观课，观完课之后，他特地留下来对我说：“张老师，你这是后势看涨的教学法！”（果真被这位老师料中，感谢他）后来他又介绍朋友来观课，就这样一传二、二传三，一年半的时间，就超过3000个老师来观过课，遍及世界各地。

开放教室之后，我就坚持上班日都写《“学思达”翻转大会报告》（后来几乎是天天报告了），一开始是写关于“学思达”的文章，理论、实务和操作技巧；慢慢有老师来观课之后，我就开始报告有哪些学校、几位老师来观课；若有老师观课后或阅读我写的“学思达”文章、或听我演讲或看我演讲影片，受到感动而写了《观课心得》（一开始都是我在网络上乱搜寻，搜寻到马上转贴；后来就有老师直接写好寄给我），我就马上在大会报告上转贴；后来又有老师在课堂上尝试“学思达”教学，受到课堂风景改变而写下《翻转心得》寄给我，我也直接转贴；更惊人的是也有老师开始开放教室了，写来《开放教室心得》，我也是火速转贴（大家不要小看这件事，这是正向激励法，同时又诱发更多好奇心）。就这样，我几乎每天贴（虽然原则是上班日），一贴就贴了一年半，而且我还打算贴十年！（毓老师坚持培育人才是六十年，林董事长则是三十年，我只做十年，算是偷懒了。）

换句话说，我每天都在编一份“‘学思达’报纸”！

我的粉丝，从开始的23位，一路飙升到现在，就要超过五千满额的极限，还有两千位待加入的朋友。后来高雄市英明中学郭进成老师，又在facebook创立“‘学思达’教学社群”，不到一年半，会员已达一万八千人。渐渐的开枝散叶，现在还有“学思达分馆”，包括生物、地理和小学语文等等社群。

中山女高吴丽卿校长曾经很关心地问我："辉诚，你一天到底花多少时间在写大会报告？"（吴校长为了看大会报告，还特地去申请 facebook 账号）我每天真的花很多很多时间，多到我文学创作的时间几乎都耗进去（我有很多想写的文学作品统统都自动延期），多到我可以赚很多外快的机会也都统统推辞掉了（一堂课九千新台币的家教，可以从小学六年级教到高三，也婉拒掉了；几个两岸文学、书评专栏也都推辞了），但是，每天花这么多时间，浪费吗？没有，我每天都好开心、好感动，觉得超有成就感啊！这些都让我愿意一而再、再而三投入其中，一点都不觉得时间久、一点都不觉得累！

会用网络来当作传布"学思达"的主要方式，是一开始我就知道，只有我一个人而已、没有任何经费，如果我要大量散播和复制，必然要有自己的宣传工具。facebook 就是最简易、最方便，同时也是我的能力足以掌握的工具，并且传播之远，几乎是无远弗届（后来真的影响了美国、加拿大、阿根廷、日本、中国香港、中国澳门、新加坡等地老师）。"学思达"慢慢传播出去了，报纸杂志和电视媒体也都闻风前来，但我都婉拒了，不上电视，也不接受专访，因为林董事长和毓老师也不上电视、不接受专访（两位生平各只有一次破例，而且都是接受《天下杂志》专访）。林董事长说："要做事，就不要出名！”我谨记在心。

有些朋友误以为“学思达”是靠报刊媒体传布开来的，其实不是，是靠我 facebook 上每日不间断的《“学思达”翻转大会报告》，我每天亲手编出来的电子报纸！十年之后，这份报纸一定是台湾地区教育革新的重要史料！

推广渠道2 开放教室，兼自主研习

一开始开放教室，来观课的老师根本搞不清楚状况，所以我都趁着学生自学时，为观课老师讲解“学思达”。有时人数太多，同样的话要讲三到五遍，常常讲到喉咙沙哑（“学思达”上课，老师最大的收获就是喉咙不再沙哑，但我因为要讲解给观课老师听，讲到沙哑再沙哑），可是我乐在其中。换句话说，每天开放教室就是我每天自办研习，没有钟点费、没有讲师费。绝大多数来观课的老师更惊人：自己请事假、自付交通费、没有研习时数，从各地赶来台北观课。我们一起用热情打造出一处惊人的教育动人风景！

为了吸引更多老师来观课，我订了个规定，只要人数够多或者全校语文老师一起来，我就免费教大家“简易大考作文教学法”，也就是人家用高额费用来请我去家教的独门绝招。我设计成“学思达”讲义，直接让老师体验“学思达”教学时学生的感受。换句话说，

我用好东西来吸引更多老师来观课、来体验“学思达”。

开放教室有什么好处？除了精进教学之外（因为很多老师会提供各式各样的回馈，让自己知道更多优点，以及可改进的地方），还能得到更多的善缘。第一个就是“均一教育”平台的专案老师吕冠纬（不久之后，他就升任执行长），他是台大医科毕业，居然弃医从教（一般人只想要“弃教从医”吧）。他观课后不久，又带“均一教育”平台的方新舟董事长来观课，方董事长后来提供多到数不清的帮助（简单整理之：一是举办全台湾地区东西南北中五次大型“翻转教室工作坊”，他把最重要的主场全给了“学思达”，连如日中天的叶丙成教授也只能讲一个小时，“学思达”却拥有两个小时，董事长对我的信任，以及对“学思达”的远见，再也没有任何人可以比得上了。二是将“学思达”演讲影片上传至网络，观看人数至今超过十万人。三是为“学思达”建立分享平台，让秘书郑涵匀小姐帮忙上传讲义到平台），加快了“学思达”的传播进度，扩大了“学思达”的影响。也就是说，没有方董事长，就没有今天的“学思达”，“学思达”是方董事长照顾下长大的小孩！

推广渠道3 主动出击

我意识到只有开放教室，守株待兔可能还不够。所以开始在

facebook 宣传，只要有学校邀请，我就去教大家如何运用《青春第二课》进行“简易大考作文教学法”。为了证明我不是牟利，我把演讲费全都回捐给邀请学校，让他们用这些演讲费去买《青春第二课》给清寒学生，不要给这些小孩造成额外的负担。

我之所以主动出击，是想更突破，让更多不用 facebook 的老师认识“学思达”。前半年我就这样奔波台湾各地，表面上是教老师们“简易大考作文教学法”，实际上却包裹着“学思达”，用“学思达”的讲义及上课方式。教完之后，我会跟老师说：“这样的上课方式，大家不会觉得很特别吗？这样的教学方式叫作“学思达”，对学生也可以这样教！我的教室随时开放，欢迎大家来看看。”

演讲完后，我记得很清楚，有非常多次，我一上高铁马上累到睡着，一路歪睡回台北。但是，在梦中我还是好高兴啊！

推广渠道 4 结合各地杰出优秀老师

“学思达”如果从头到尾都是我单打独斗，那一定没有未来可言。我深信我用“学思达”上课每天都让我兴致高昂，一定也会让其他老师同样兴致高昂。我只要做出一个推广模式来，其他老师必然也能循此模式，一起热情出来推广，甚至创造出更多独特的推广方式。

我的模式很简单：从开放教室（最高标准）开始，到自主研习、外出演讲（从几个人，到全科、到各校、到大型翻转教室工作坊，再到专门大型会议），甚至到世界各地演讲……

但是，我需要帮助更多老师先开放教室才行。我一直在等待，三个月之后，终于让我盼到了，位于宜兰市的兰阳女中高敏馨老师开放教室了（这间开放教室意义太重大了：表示“学思达”真的可以快速复制，成功打开另一间教室），接着就是宜兰高中吴勇宏老师（语文科）、高雄市英明中学郭进成老师（公民科）、台中市明德中学卓忆岚老师（语文科）、彰化县复兴小学许扶堂老师（数学科）、台东中学罗胜吉老师（化学科）、台北市永吉小学林姿君老师（语文科）……一个接一个开放教室，让我信心大振。

于是我就“乘胜追击”，结合这些优秀“学思达”老师，一起发挥更大能量。

吴勇宏、高敏馨夫妻档老师开始在台湾地区四处演讲，甚至远赴大陆西安，入班授课。吴勇宏老师也在“天下杂志教育基金会”主办的千人公开观课和大陆特级教师同场竞技；郭进成老师除了演讲，更主动举办第一场“学思达”自主研习、第一场“学思达”短讲、建立第一个“学思达”facebook 社群；卓忆岚老师演讲不辍，并举办全台最多次数的“学思达”共备研习；许扶堂老师也到处推广小学数学“学思达”；林姿君老师也是演讲不落人后，加上她非常上相、台风稳健，只要是杂志专访、上电视，她就是最佳代言人……还有很多的老师用不同的方式热情分享着“学思达”。

最让我感到兴奋的是，老师们一再突破我当初设想的模式，做出我想都没想过、做也做不出来的新模式：真实入班授课、大型公开教学演示、“学思达”大型研习、“学思达”短讲。（果然，“学思达”能让学生展现创意，也能激发出老师的创意！）

从“翻转教室”一支到独当一面

其中“‘学思达’大型研习”和“‘学思达’短讲”尤具重大意义。

“学思达”大型研习是高雄市教师会会长亲自北上和我敲定研习时间与研习方式。两天四场，每场半天，第一小时由我演讲“学思达”，第二小时由高雄本地老师使用“学思达”真实授课，第三小时则由高雄“学思达”教学的老师综合座谈（包括高中、初中、小学老师）。会长当初敲好所有细节后对我说，高雄教师会没有经费。我回说没关系，只要提供交通费，如果我不拿演讲费，其他老师应该也不会拿。就这样敲定了。（后来企业家方庆荣董事长来我教室观课，课后问我有什么需要帮忙的，我说我不需要帮忙，但是高雄教师会需要，方董事长马上汇了一笔钱给高雄教师会，解决燃眉之急。之后董事长又汇钱给基隆教师会资助举办“学思达”大型研习，他说只要各县市想办“学思达”大型研习，他都可以帮忙，因为他认为“学思达”的教学会让台湾地区的教育更好，他小时候就是接受类似“学思达”的教育，才会有今天的成就。)

高雄“学思达”大型研习，虽然在周六、日举办，但仍有一千两百位老师和家长热情参与。结束后，基隆教师会也紧接着举办，更惊人的是，原本高雄上课的学生是由老师充当，但基隆场是会长亲自去找了真实的初中生和小学生来上课，真枪实弹，极为精彩。“学思达”大型研习的意义在于：原本“学思达”都是依附在均一教育平台“翻转教室工作坊”底下，“学思达”大型研习的举办，宣示着“学思达”独立自主的开始，“学思达”已经茁壮到可以开始独当一面了！

高雄“学思达”短讲是郭进成老师的创意之举。这个短讲形式虽然是模仿 TED 演讲，每人演讲 18 分钟，但所有讲者都是普通老师，同时带有研讨会的讨论性质，分享过程完全没有学术研讨会的应酬与针锋相对，而是全然无私分享与温暖感动！这个短讲有什么重要意义呢？那就是：“学思达”真正让初高中老师开始拥有自信，有舞台、有能力表达出自己的专业教学能力，可以得到肯定、掌声和荣誉！十二位老师上台的意义就是：有愈来愈多的老师可以站出来独当一面！（十二位老师分别是：蔡宛颖、蔡宜岑、林晋如、林健丰、王建正、谢晓慧、刘育豪、苏泽宸、黄尹歆、蔡元忠、张琳、石佩蓉）

其实，台湾有很多杰出优秀的老师，但是台湾地区课堂先让学生上课沉默不语，老师也随之沉默不语。在填鸭式教学当道的环境之中，只要进行教学创新，不是被视为异类，就是被视为高调、作秀、爱现、搞怪……所以进行教学创新的老师也就默不作声、独善其身。我认为这简直是教育资源的浪费与损耗。唯有把这批人召唤出来、团结起来，提供舞台让他们登台亮相，让他们从压抑之中扬眉瞬目、顾盼自如、昂首阔步，一起站出来，一起为教育努力！所以林健丰老师带着他的“区分性 ABC 教学法”出现了，彭甫坚老师带着他的“数学咖啡馆”出现了，声名远播的王政忠老师也高举着“MAPS 教学法”出现了……“学思达”召唤出一个又一个杰出优秀的老师，召唤出一个又一个创新的教学法。

策略二：十年计划

我一开始拟定“学思达”的推广计划，就是十年。

第一阶段：前三年，主力先放在小学、初中、高中教学现场的老师身上。

推广方式，就是上述的“多管齐下”。不过，因为均一教育平台方新舟董事长的大力帮助，让前三年的推广效益大大提升，“学思达”已经开始同时进入第二阶段。

有些老师不是不愿意改变，而是缺少完整的创新教学的认识与体验，更缺乏真正足供观摩与学习的教学现场（追根究底又是教室紧闭造成的结果）。“学思达”之珍贵，不只是提供理论（理论真的容易讲，但要实践出来真的不容易），更提供一套环环相扣、简易实施的操作技术，还提供一整套完整的支援系统。

四步骤，成功打造教学新模式

如果说，“学思达”有什么珍贵之处，在我看来就是“学思达”是最早把整个“观念（由文章或演讲中呈现）→随时开放教室→可以复制→无私分享”的模式在台湾地区的课堂打造出来。

步骤 1 观念传递

“学思达”已经有良好的实践成果，但我必须将实务结合理论，打造成一个坚强且充满说服力的全新教学法和全新观念。一开始，我知道不会有人对“学思达”有兴趣，所以一方面开放教室供人参观作为号召，另一方面不断写文章解说“学思达”是什么，再另一方面则四处演讲。“学思达”的最大进展就是，诚致教育基金会录制我的演讲并进行后期制作、配上字幕，上传到网上，这一播放即产生惊人的效果，观看影片的人数已超过十万人，和执行长吕冠纬当初预估（但我压根不相信）的数字居然一模一样，而且还在不断攀升。

“学思达”的观念最早是通过文章传播，后来通过影片播放，得到飞快的传播效果，更打破地域疆界，近则是香港地区、澳门地区，远则日本、新加坡、马来西亚、美国、阿根廷等地。

步骤2 随时开放教室

“学思达”是台湾地区教育史上第一个对外公告开放教室的翻转教学法。“学思达”保证课堂上没有一个学生不专注、没有一个学生会睡觉（除非特殊原因如生病、吃药、生理痛等等，并经过老师认可），用教学现场直接感动老师。

换句话说，“学思达”把最高的标准做出来。

进行“学思达”教学法的老师，有没有成功，检验的标准很简单，就是能不能开放教室，让大家看到课堂上没有一个学生不专注、没有一个学生会睡觉。

若其他教学法宣称也很好，务请随时开放教室，让大家进去看看这教学法到底有多好，能不能做到没有一个学生不专注、没有一个学生会睡觉。如果做不到，我们就很难相信这教学法有多好，因为经不起现场检验；如果能办到，那就太好了，台湾地区的老师又有一个很棒的教学法、教学现场可以学习了。这岂不是教育之福？

在我看来，随时开放教室，就是“学思达”对台湾地区教育的最大贡献。

步骤3 可以复制

为了可以让“学思达”顺利大量复制，我必须把支援系统做出来，这要归功于诚致教育基金会帮忙架设“‘学思达’分享平台”和郭进成老师创立“‘学思达’教学”facebook 社群，当然，还有我每天放送“‘学思达’翻转大会报告”的个人 facebook。

有了三个支援系统，老师们就进入一个良性循环结构。因为每个老师新接触“学思达”，必然要像小孩一样被人搀扶，一直到他可以独立行走，这段过程，都必须有人帮忙。

“学思达”的模式是这样的：

（一）朋友之间开始热情、兴奋分享“学思达”信息（因为有老师参加了相关研习、有老师实施“学思达”之后有了成就感、有老师实施“学思达”居然成功了，有了更大的成就感）。

（二）有老师好奇了，有影片可以自学。

（三）有老师想行动了，有开放教室的现场可以观课。

（四）有老师想动手做讲义了，已经有老师帮他做好放在分享平台（分享平台没有，老师自己动手做，又上传到分享平台上）。

（五）有老师失败了，facebook 社群的伙伴可以询问，相互打气。

（六）有老师一点点成功了，facebook 社群的朋友会为他喝彩；老师终于成功了，又热烈再分享给其他朋友，又形成良性循环。

（七）有老师想要增能，有共备社群支援。

（八）带头老师又不断锻炼自己，让自己愈来愈好，又无私分享给其他人，又一个良性循环形成。

“学思达”成功了，就是随时开放教室，一年半来，“学思达”已经成功开放了四十多间教室。换句话说，“学思达”真正做到了可以复制，还要朝更大量的复制前进。

“学思达”何以能大量快速复制？我曾经在 facebook 上发起有奖征答，兹摘录其中两位老师的看法。

新竹实验高中朱宜琪老师——

❶ 张老师"'学思达'的教学法"其实是一套很严谨的方法，有教学目标、学习目标、实施方法（自学、思考、表达）、实际操作（观课）、回馈等，都有翔实的说明。一般老师没有实际观课，通过阅读辉诚老师的资料，也能有实验方法的依据（我个人即是）。当然实际观课后，想必能有更深刻的认识，这套坚实的教学方法，让想效法的老师有了操作的根据。

❷"自学、思考、表达"其实是21世纪人才所需具备的条件。现在的资讯工具非常便捷发达，老师要教的不该只是知识，还有方法，这些观念大多数的老师都知道，但是要怎么做呢？很多人恐怕无法清楚（有系统）地回答，辉诚老师的"学思达"教学法正好提供了清楚的答案。

❸ 另外，张辉诚老师无私地在演讲中、教学平台、个人facebook等等，分享自己的教学档案，让想要尝试"学思达"的老师，有了可参考的资料库（人说万事起头难，这些资料减轻了起头的难处），我想资料库的建立是非常有帮助的。

❹ 承上，这些网络平台、facebook社群让老师们有了分享的场域，无论成功或失败，不论彼此是否相识，大家都因这学习团体而成长，教书似乎不再只是一个工作，过程中老师的内在动力受到鼓

舞，对自己的工作都更有自信了。

云林镇东小学蔡志豪老师

自学、思考、表达的概念人人会说，但能实际在课堂运作的不多，或是成功翻转的案例，要复制也不容易。再说有效教学、差异化教学、补救教学等方案也多流于形式，但“学思达”因为多了在课堂利用讲义自学、分组讨论的过程，差异化教学、补救教学，甚至班级经营在此都能兼顾，低中高程度学生也能有不同收获，这是其他教学法几乎不可能达到的任务（除了在家看影片的翻转教室）。因此“学思达”可贵之处，就是操作模式易于翻转，看似简单的过程其实十分严谨。这是“学思达”易于推广复制的重要因素之一。

两位老师的看法都非常准确，我再补充两个关键。

“学思达”的另一大关键，是拥有完整而具体的操作细节，并且可以轻易复制。“复制”是我在祐生研究基金会接受 20 年训练所学到的重要本领之一。林董事长说：“要推广，一定要能复制，要能复制，就必须有‘秩序’。复制出去之后，还要不断精进。”所以“学思达”一开始就以“可以复制”为出发点。第一个复制出去的是我太太；前几个复制案例之一是北一女校徐秋玲老师。她们一开始也不是很顺利，但经过不断调整，找到较好的合适机制，渐渐也就进入稳定状态，顺利半翻转或全翻转。

再者，随时开放教室让人观课，难度实在太高了，但同时也具有强大吸引力，连叶丙成教授也对我说："随时开放教室太难了，没想到有人可以做到！"眼见为凭，教学不是空谈理论，"学思达"讲理论，也实际操作，天天开放教室，等于天天研习，天天感动人。这就是实学，也是毓老师教的："知识没有作用，就不是知识！稍微用点心，都知道读书人的责任！""学思达"就是实学！

步骤4 无私分享

我一直说，我是接受祐生研究基金会长达20年的扶植，林俊兴董事长从没说过要我们报答他，而是希望我们将来有能力了，就去报答台湾地区，让台湾地区变得愈来愈好。这就是"学思达"的真正精神。

"学思达"之珍贵就是老师之间开始无私分享，大家各自贡献一己之力、一己之长，这样大家都能不断增能。换句话说，"学思达"最后会变成台湾地区老师的集体智慧、集体创意、共同成长的最重要来源与动力。

众志成城，"学思达"只会愈来愈强大，强大到可以彻底改变台湾地区的填鸭式教育，还给我们下一代良好的学校教育品质。

第二阶段：第四和第五年，主力放在校长。

为何第二阶段是校长？因为老师改变了，校长却不支持（例如不支持开放教室），甚至反对（家长一给校长抱怨、施压，校长就要老师改回原来的填鸭式教学），这对创新教学的老师都是严重打击。

“学思达”甚至还要做到开始有学校提出自己的特色就是“‘学思达’教学”，标榜自己是“‘学思达’学校”！

我要做的事就是激励校长们开始突破现状，我期待在“‘学思达’翻转大会报告”可以报的是：哪一个校长、哪一所学校是第一所“学思达”学校，哪一所是第二所……目前就我所知，台湾地区已经有两位以上校长（一所大型、一所小型学校）开始朝这个方向努力了。我十分期待他们早日成功，更期待他们成功之后，很快打造出一个校长式的推广全校“学思达”的模式出来，然后又可以简易、快速复制到其他学校。如此一来，“学思达”就会进入一个截然不同的新阶段——学校之间的快速复制。

校长可以怎么做呢？请参考我推广“学思达”的方式与过程。

主要就是：先提供观念，鼓励外出观课（校长批准老师请假，能提供公假更好，新化高中还提供老师公差假），鼓励共备（校内、校外共备都可以，想要知道高效益、高品质的共备增能方式，“学思达”已经有很多老师开始跨校、环岛共备，如卓忆岚、郭进成、蔡宜岑老师等，让许多老师受益良多），鼓励校内开放教室（一开始让校内老师自行来观课即可，林园中学郭钰君老师团队已经做出最好示范），鼓励随时对外开放教室（台湾地区已经开放40间，开放愈多间愈好，日后一定可以成为国内外现场老师的学习对象，以及师培生的最佳训练现场），行政全力支援（这就是校长领导专业应该要多加思索、尽情发挥的地方了）。

第三阶段：最后五年，主力全在家长。

为何“学思达”一开始不是校长和家长，因为校长和家长先知道，一定会反过来强迫老师改变，问题是老师观念还没改变、能力还不够健全、增强，一经逼迫，反感、反抗和反效果都会随之而来。就像匆促让学生开始自学、讨论、表达，却没有给予适当训练，学生也会反弹、反抗、厌恶的道理是一样的。

我想应该没有家长愿意把小孩送进学校受苦，也没有家长不想让自己的小孩接受良好而健康的学校教育。家长注重成绩、注重升学率，甚至对创新教学感到怀疑，其实不能深责家长，因为几乎所有的家长都是这样长大的，他们和老师一样，都必须经过观念的调整，慢慢理解。时代不一样了，学业成绩不再独尊，还需要更多能力来面对快速变化的未来……这些都必须翻转家长的观念。

所以要花最多时间来改变家长。当然，很有可能，家长和小孩都有新观念之后，最后也会反过来要求填鸭式教学的老师改变，因为家长和小孩都想要接受良好而健康的教育，不想改变的老师，到时候就必须接受被强迫改变了。

愚公移山的第一年半过去了。最适合拿来做结论的话，还是毓老师说过的话："你这份工作很有意义，好好努力。好好努力，不是要求功。急功，就会虚伪。任何事，有一分作为，才能说一分话。慢慢来，发挥影响力，要在平凡之中见坚贞。"

路很长，"学思达"会一直保持"在平凡中见坚贞"！

附录 1

"学思达"一年半来的成果

一、台湾地区第一间可以随时开放供人观课的教室，随时让全台各地初、高中小老师、家长、大学生（研究生、博士生）、大学教授、校长、记者自行观课，不是作秀，每一节都是真实教学现场，每一节都让老师们看到学生专注眼神、高效益学习。从中山女高第一间上网公布课表随时开放教室（2013.9.8），一年半之后，直接影响或间接鼓舞全台湾地区的老师做到随时开放教室的间数已达 40 间（其中以"学思达"教学法最多，高达二十多间），随时开放供人观课的教室，从小学、初中到高中职都有。

二、从各地来中山女高教室观过课的老师一年半之内超过三千位，遍及全台，还有远从新加坡、韩国以及中国澳门、中国香港等地来观课的老师。更有一团海外华文教师团，成员遍及全世界：菲律宾、越南胡、约旦、阿曼、英国、德国、法国、美国、加拿大、巴西、巴拿马、多米尼加、澳大利亚、新西兰、南非。

三、“学思达”完全突破年级（包含小学、初中、高中、大学、研究所），完全突破校际（上传讲义的学校分布世界各地），几乎突破所有科别（语文、公民、英文、生物、美术、社会、数学、化学、地理、音乐、小学自然等）。

四、“学思达”开始在全台各地发酵：自主研习、“学思达”大型现场教学演示研习、“学思达”短讲研习。

五、“学思达”的影片上传网络将满一年，观看人数（两个上传点合计）超过十万人。“学思达”已经开始影响台湾以外的地方，老师们受邀到大陆的西安、南京，澳门地区，以及新加坡、越南胡志明市等地演讲分享。

六、“学思达”教学分享平台从简单的三四篇“学思达”讲义开始，如今已超过数百篇，各地老师纷纷上传讲义。观课老师深受感动而自发撰写观课心得，多达125篇。经由看讲义、或影片、或现场观课的老师，开始进行翻转，并写下翻转经验的老师，共有42篇文章。

七、"'学思达'社群"迄今人数超过18000位，创造了堪称全台最大的老师专业社群。"学思达"让课堂上的学生眼睛亮起来，让老师重新获得教学的热忱、专业与成就感，激励了一个又一个老师，从尚未教书、到教书五年十年十五年，甚至二十四年；让已经退休、或离职的老师遗憾退休太早、后悔不该离职。

附录2

高雄"学思达"短讲的重要意义

第一，完全自主，跨界研习

这是台湾地区教育史上，第一回由中小学老师自主发起（没有经费）、自主参加（不是公文强迫），针对"现场教学法的分享、讨论、反省与对话"所举办的教学短讲形式研习，上台演讲的都是中小学教学现场的老师，对话讨论的也都是中小学的老师。并且跨级别（从小学到高中）、跨学科（语文、英文、数学、历史、综合、理化、音乐、地理），级别之大、领域之宽，前无所闻。

这里头有什么深刻的意义呢？

初高中老师有自信、有能力、有舞台表达自己的专业教学能力，现场除了主持人马琇芬老师之外，全都是中等、初等教育一线的老师。我常说，大学教授有专业知识能力（而且领域还非常限缩），但要谈教学能力，中小学老师都应该显现当仁不让的自信，因为教授也不一定有能力教大家真正的实务教学能力（不相信，请教授们随时开放教室让大家观课）。换句话说，专业知识和教学能力是两回事。问题在于，台湾地区中等、初等老师在教学专业上，根本没有获得肯定的机会，又常常自惭于专业深度知识不及大学教授（其实中小学老师的知识广度未必不及教授们），于是变成一群没有声音、没有自信、没有成就感、没有舞台表现的默默无闻的老师。这是不对的，“学思达”就是要改变这种现象！“学思达”短讲，正改变了这个状况！

当台湾地区学术界领域愈划分愈窄细、学校内学科分别愈来愈壁垒分明、学校与学校之间鸿沟愈来愈巨大，但是“学思达”短讲让所有学科的老师、不同级别的老师坐在同一现场，讨论各科的知识内容。为什么？因为“学思达”教学法才是真正可以贯通各类知识传授过程，知识内容或许不同，但学生的能力培养是大同小异，“填鸭”来“填鸭”去，已经没什么好讲的了，大家只能比比口才、比比准备教材的丰富度。但是全新教学法能让老师不断讲来讲去的是学生各种能力如何展现、学生学习热情如何自然涌现、学生的创意如何不断出现……太多太多，多到老师经常情不自禁，一定要想办法出来分享！

第二，初、高中老师成为舞台明星

如果大家够细心，就应该会发现主办人郭进成老师并没有上台，没有成为十二个讲者的其中一位。郭老师正好示范了“学思达”的核心精神：把舞台让出来，训练学生、成就学生；同时再把舞台让出来，训练老师（他把十二位讲者尽可能都先邀请去他家分享、练习、讨论）、成就老师。他没有把光芒集中在他身上，连主持人都交出去，隐身成为主办人。这就是“学思达”！不争功，把一切荣耀归诸他人，成就愈来愈多人！但是他内心的快乐与成就感却是最多！

如果说2014年928教师节，台湾地区有2236位老师参加台中明德中学举办的研习，但讲师只有叶丙成和张辉诚，要是这两个家伙开了头，却后继无人，这就有问题了。然而“学思达”短讲的举办证明了：后继有人，有愈来愈多老师成功了，愈来愈多老师可以登上舞台，愈来愈多老师可以独当一面。十二位老师，证明给大家看，他们做到了。这十二位老师创造了台湾地区教育史、“学思达”史崭新的一页！

——郭进成老师没告诉大家的事，时间有限，不然不会只有十二个老师！

我很喜欢叶丙成形容“学思达”的话，他说，“学思达”是打组织战！

一年半前，还有人预言“学思达”是造神运动，独尊某人。我说，错了，恰恰和“学思达”的精神背道而驰，我也无需多加辩说，时间会证明一切。现在才一年半，连郭进成老师都开始隐身舞台之后了，我们要造的是下一代的美好教育现场，不是造神，从来就没有独尊过某人！

第三，老师创意不断涌现，短讲就是新鲜研习形式

“学思达”可以激发学生创意，自然也能激发老师创意，虽然短讲是模仿 TED 形式，但讲者是普通老师，又带有研讨会的讨论性质。分享过程完全没有学术研讨会的应酬与针锋相对，全是无私分享与温暖感动！

第四，老师们相互提携

“学思达”让学生进入合作与竞争，老师之间也是如此。短讲绝大部分是“学思达”的老师，但也有其他翻转新教学法的老师。“学

思达”让学生之间欣赏彼此的亮点，老师也是如此，不同教学法欣赏彼此的亮点。

2013年9月开放教室，我就看到“学思达”十年后的模样。才一年半而已，短讲出现了，我且来说说，我还看到什么，先透露一些，十年后会有625间开放教室，不久之后，就会有老师标榜“我是‘学思达’上课”，而且会有学校的特色是“‘学思达’学校”！不信，我们一起来看！

13

进化

未来老师，化身课堂制作人

现在孩子的学习动机和过去很不一样了。几十年前，台湾地区大多数人生活贫困，读书，是为了要翻身，为了改变贫困家计。但是这一代学生，大多在衣食无缺的环境长大，根本不需要再为了翻身而读书（失去内在动力），而且生活中比读书有趣的事情多太多了，为什么还要他们读书？身为老师必须严肃面对这个问题，为什么学生需要读书？为什么读书这么无趣？读书难道只是为了应付考试？老师不能再用考试的手段来强迫学生读书，这样的逼迫，将来社会还要付出更惨重的代价。

学校教育、课堂学习、老师教学，如果让学生的学习没有乐趣、深受其苦，甚至深受其害，这都是不健康的教学！

因此，老师的角色势必有所转变。

过往的教学，老师几乎是包山包海，通过嘴巴、PPT、肢体表演，淋漓尽致地把知识传授给学生；但现在不是，老师必须变成知识的引导者，让学生看到完整的知识地图，帮学生找到更好的知识材料、影片、声音，更多更好的由浅而深的引导问题，更有效率的教学技术、机制，来进行更高效益的教学。

“学思达”教学整个过程表面上看起来好像只有学生在自学，实际上不是的，其实老师无所不在，老师的引导、问题意识、资料剪裁、组织材料，甚至原本上课所要解说的话都直接化为文字、呈现在讲义上。换句话说，老师不再是讲台上唯一的主角、唯一的演员，而是化身为整堂课背后的制作人，老师引导学生一步步自主走入知识领域，引导学生感受知识路上的沿途风光、山明水秀、波澜壮阔，甚至感受到知识境地极深极幽微之处的“山重水复疑无路，柳暗花明又一村”的喜悦，引领学生越探越险，指导学生爬上更高之处，让他眼界高、心胸广、见识精湛，学得多、学得广、学得深、学得好、学得开心、学得充满成就感（学生“学思达”的喜悦与成就感，竟然是来自“严肃学习、深入思考”），甚至还可以学得快（“学思达”很容易就能让学生超前学习，这样才有可能真正落实在大规模常态编班底下，兼顾资优教育的进行）。

换言之，老师成为学生学习路上最重要的核心人物，学生的学习位阶变高、学习成就与热情产生，老师的引导位置必然也要跟着变更高、热情也会受到学生热情的感染而愈来愈旺盛，老师的成就感也会愈来愈大，师生砥砺，不断与时并进。如此一来，老师非但在翻转的浪潮中，不会被网络上提供愈来愈多的免费教学影片所取代，而是更加被珍视、被尊重地确定了确乎不可动摇的引导、制作人之地位。

当老师一直讲一直讲，其实学生大多处于没有动脑的状态，而老师只是把课前备课的资料记在脑海或抄写在笔记上，于课堂再念出来而已。因此，讲台上讲课的老师很累，听课的学生更累，老师看到学生涣散的眼神又更累，师生只好一起走上“催眠”之路。翻转教学真正迷人的地方就在于，老师看到学生自学时，居然进入惊人认真的模样，遇到自己无法解决的问题，可以自己动手查阅资料、可以相互支援，甚至可以举手发问，自主地去尝试厘清、寻求支援、解答困惑；老师上课也不是一直坐着或站着霸占住讲台，而是在课堂上的各组之间来回巡视，观看所有学生的学习状态，学生提出问题就不断再抛出更多问题去引导、刺激学生思考，老师不能告诉学生答案，而是通过不断提供更多线索和问题，让学生自己想出答案！

师生不断自我超越的课堂风景

进行到学生上台发表时，老师马上摇身一变，成为主持人。老师显得忙碌而活跃，一方面要仔细聆听台上学生回答问题，另一方面还要关注台下所有学生的整体反应。如果有台下学生不专注，就得暂停，然后老师开始抛出问题，反问不专注的学生，目的就是要维持住全班发表和聆听的最佳状态。台上学生发表完之后，老师必须马上判断对错、好坏，如果回答错了，老师还得考虑是要自己亲自引导，或者让其他同组同学进行补充，或是进行全班开放抢答。整个课堂风景，老师在动脑，学生也在动脑，而且每个学生的想法各有所异，学生的意见被听见、被看见、被尊重，创意和多元的欣赏才会源源不绝地在教学现场中出现。

所以“学思达”教室必然呈现一种完全活化的教学状态，大异于过往只会愈来愈死寂的课堂风景。这就是为什么台湾地区的教育需要翻转，因为老师会非常有成就感，而且学生的热烈反应又一再地刺激老师。千万不要小看学生，学生们的创意常常比老师原本认定的正确答案还要好；就算不如老师预期，学生也才能借由彼此的回答，发现自己和同学之间、自己与课本、自己与老师之间想法的落差，得到比较，也得到可能的进步空间。

“学思达”让师生共同成长成为真正的可能。如果学生永远都是在吸收老师备课之后的知识，很快就会形成不断递降；因为纵然老师把备课之后百分百教出来，学生最多也就是吸收百分百罢了；但翻转教学，老师的百分之百都记录在讲义上，学生的创意和表现却有机会超过百分之百。换句话说，“学思达”让师生处在一个不断超越的过程。

举例来说，当老师开始抱怨很想改变教学方式，但是能力不足、行政不支持、资源很少等，可是如果是具有“学思达”精神的老师，他就会努力想办法去克服。就像在教学现场，一个老师遇到问题，不应该是抱怨学生不认真、不用功，而是反求诸己：是不是我也有问题？我能不能改变或设计出一些机制，让学生用功，让学生认真，让学生积极起来？所以，我常常告诉实施“学思达”教学的老师：遇到问题，太好了！因为老师就必须动脑想出一个解决办法。真解决不了，就问其他老师，其他人都没办法解决，就应该想：“太好了！那我有没有可能想出一个方案，解决大家都难以解决的难题？”说白了，“学思达”就是我在这样的困境中实验了十几年，才终于发展出来的。而不是一直抱怨教育体制恶劣、学校行政不支持，社会弥漫功利主义、分数至上……抱怨解决不了任何问题，必须通过改变机制，才有可能解决问题！

分享，相互交流、相互学习

“学思达”教学法当然不是放诸四海皆准，完全适用于每个班级、每个学科、每个级别，但我相信“学思达”的精神是一贯的，即使方法可以改变，精神却不会有任何动摇。我希望“学思达”的老师也能和学生一样进入分享的模式，所以只要有“学思达”的老师有了突破性的做法、机制，马上分享出来，其他老师就能受益，得到帮助。譬如之前有位老师寄给我一张改良过后的互评表，他把互评表做成可以马上举牌，然后再加上海螺图（详见后文），这个改良对初中生、高中男生刺激很大，同学上课都很活跃。因为我的学生是女生，脸皮薄、容易害羞，当场举牌给分，很容易伤到自尊心，所以评分不能太过张扬；这位老师则说：“高中男生呢，是不见黄河心不死，有了举牌，再加上海螺图计分，充分呈现出竞争态势，哪一组走到哪个位置，清清楚楚，刺激学生竞争，学生们彼此较劲得可厉害咯！”

另外，老师之间的共备，其实也是分担备课压力、相互增能的最佳方式。除了分担备课的辛苦，也能学习到彼此的优点，发现自己教学的盲点。共备过程，老师和课堂上“学思达”的学生一样，也是同侪之间相互交流、相互学习、相互进步。“学思达”让发生在学生身上的事情，同样发生在老师身上。

为什么“学思达”老师很快就走向共备，很快就寻找到志同道合的老师一起合作？因为这些老师是真的愿意相信、认同、接受“学思达”的观念，甚至愿意开始实验“学思达”。他们在自己的身上感受到热情，也看到相同理念老师身上的热情，彼此认同是最好的开始。接着马上要迈入第二个难关，进入技术层面。巧妇难为无米之炊，没有讲义、没有问答题，就没办法“学思达”，所以必须先准备。然后才是真正要进入课堂。在课堂实践后，老师又兴奋地分享出来，同时也着手进行调整。“学思达”就是这样一关又一关，少了其中一关就有可能前功尽弃。当然，真实的课堂有可能和他想象或是去观课的现场相去甚多，造成很大的挫折。其实，“学思达”也好，其他各种创新教学法也好，难度都比填鸭式教学来得更高，也就因为难度高，才需要那么多人的力量一起帮忙，也因为这么多人的力量加总起来，最后必然会走向师生共同成长这一条路。

口述教学，留在最关键的课题

有老师必然想问，填鸭式教学难道真的一无可取、一无是处吗？

不是的，填鸭式教育还是有存在的必要，只是不能从头到尾、耗费太多时间“填鸭”。在“学思达”教学课堂，传统的单向式口述教学并没有完全消失、完全被淘汰，而是摆在所有“学思达”教学流程中的最后一关。“学思达”最后一关就是老师进行统整，老师统整就是单向式口述教学。差别只在于“学思达”把它压缩到最少的时间、最精致饱满的单向式口述教学。

我认为“学思达”做到一些很重要的突破：第一，把预习拉到课堂上完成，学生自学就是在预习，学生是自行阅读讲义后，讲义抛出问题，由学生自行解决问题。第二，学生在思考、解题时，能够从记忆、理解，而跳升到分析、评鉴，甚至应用、创造，所以学生有机会从低阶的学习向上跃升；老师能够如此做的关键就是：设计好的问答题，引领学生由低而高，进入不同变化的学习历程；最后，老师统整时，只讲最重要、最精彩、最动人、最关键的知识，不用再讲学生自己看就能懂的知识内容，师生携手进入高层次的学习境域。

其实，“学思达”老师单向式口述的统整是完全填鸭式，但远比一般填鸭式教学还难。因为填鸭式充斥着整堂课，几乎没有高潮起伏，但是“学思达”的统整，只表现高明、高潮、高远。老师必须用最精简的时间，讲出最核心、最关键、最重要的东西给学生听，同样进行“填鸭”，但效果出奇的好，而且完全建立在学生已经有了学习的基础之上。一般的填鸭式教学是夹泥沙的巨厦，重要也讲、不重要也讲，甚至有时候不重要的知识讲最久，等讲到真正重点时，学生反而不想听了，因为专注力涣散了，又或者考试根本不考。

话说回来，毓老师上课也是单向式口述教学，严格来说就是“填鸭”，但毓老师的学生会觉得他“填鸭”吗？完全不会。因为毓老师讲的是生命学问，讲实学，为学生打开责任感、生命视野、胸襟、气魄，像灌气一样灌给学生生命的力量与养分。问题是学校里的老师，有教生命学问吗？有教实学吗？绝大多数都是讲知识，跟考试有关，却无关自己和学生的生命；毓老师从不考试，不在意成绩，他评判标准和学校教育完全不同，他在乎的是十年、二十年、三十年……多年之后，学生有没有成材？对人类社会有没有贡献？他只讲对人生有意义的知识和实践，这也是为什么他的课没有研习时数，没有成绩单，没有证书，没有互评，而一代又一代的精英不断地上门听讲。

“学思达”就是要在体制内的学校，创造出毓老师自办私塾的深切期望，训练学生，最终能够成材、能够为人类社会有所贡献！这样，课堂内的老师，才真的是优秀的制作人，努力培育出拥有能力、成材、充满公益心，一个又一个健康又良好的学生，未来的栋梁！

14

释疑

“学思达”教学法关键 14 问

课堂教学

问题 1：“学思达”这套教学法固然好，但不断让学生自学、讨论、发表，教学进度是否会变慢，应该授课的课程是否上不完？

答：好问题。不过我希望我们先回过头想一想，当我们辛苦地把课程赶完了，到底是老师安心，还是学生安心？是否老师把课赶完了，就代表老师责任已了，学生考不好是学生的事？老师是否考虑过学生有学好吗？如果没有，那么赶完课的意义是什么？不就是老师自己安心？因为老师把课教完了，学生考不好，是学生的责任。

所以这套教学法，重点在于“质”，而不在“量”；在于“深度”，而不在于“浮泛”，在于“能力的培养”，而不在于“知识的背诵”。假设这套教学法能让学生学会自学、阅读、思考、判断的能力，那么即使没有全部教完课程，学生还是会自己把没教完的部分自行读完，为什么？因为老师只要提供足够的资料，学生就能自学了！何况这套教学法还提供了讨论、发表、合作、竞争等额外训练。

再者，要控制进度其实不难，只要控制问题数即可，若时间真的不够，只要让学生自学的部分，预先让学生回家自学即可。真的上不完了，也没有关系，讲义发下去，学生会自学的！

真正惊人的事实是，一开始学生没有自学、阅读、思考、讨论、表达等等能力，但是经过一段时间训练之后（正常是三到六个月），学生的阅读和理解能力会愈来愈快，快到根本不会有进度的问题，反而会变成进度超前，而老师提供的资料太少的问题了。

问题 2：如果每一科的老师都翻转教学，都给学生这么多的自学讲义，那学生是否会没有足够时间消化吸收呢？

答：其实我提供的大部分资料都是在课堂研读，我的想法是尽量能够在课堂完成，除非是要赶课（因为学生回家大多没有多余的时间可以预习）。另外，不是每一课的补充资料都这么多，有些课文只有一点点补充，补充资料的多寡必须视课程的重要性及难易度而定。而且研读资料的时间，并不会很久，一方面是所有资料都剪裁成小单元，一方面则是没有要学生背诵，重点在思考。

问题3：翻转课堂中学生自学的引导与情况，是需要重视的，请教您如何在课堂中引导学生从事自学并检验其情况呢？

答：好问题！第一，传统教学压根不在乎学生学习状况的，也不知道学生学习状况如何。第二，学生自学后有小组讨论，这个讨论非常重要，因为会让懂的人去教不懂的人，为什么？因为他们是同一组，分数是绑在一起的。第三，老师要进到各组去参与讨论，不断提供更多问题去询问学生。第四，老师的引导非常重要，引导技巧和问题的追问也很重要，换言之，老师要转变的是主持的技巧，这点也是翻转成败的关键之一。所以，上课时，当学生在自学，我就各组转转。

问题4：基础认知的部分是否直接做成讲义让学生自学呢？如何知道认知部分的成果？也是透过讨论吗？

答：在我看来，基础的认知就算疏漏，也不重要，因为那是最不重要的部分。这一点很多老师都搞不清楚，我也是这几年才渐渐明白过来。和一个作家讨论作品，他不会乐意听你说：哇，你的作品很棒，用了很多生难字词、很多修辞、很多文言文！

问题 5：因为着重于太多认知部分，所以高层次的思考创造就被忽略了，而文章与文学着重于思考感知而非认知？

答：是的，所以我才说，我们都在“小学而大遗”！

问题 6：请问如果班上有一两个同学没办法融入讨论，只是自己找答案，该怎么办？

答：请问你用传统讲述时有多少人没在听？重点是这两个同学虽然没有融入讨论，但是他们有自学啊！而且不用太担心，要给学生一点时间适应。还有不要小看上台发表这件事，他们没有融入小组讨论，并不代表没有融入大班级的讨论（发表和聆听也是一种讨论）。——坚持下去喔！因为这才是对学生真正有利的训练啊！

问题 7：这套教法，我在物理、化学尝试过，不过大多失败。只有两个成功的例子，是一个“建中”与成功校排一的学生，最后指考物理、化学，都八十几分到九十几分。林口地区的高中生反弹很大，我在健行科技大学也试过，结果更是悲惨。阅读您每天的分享，

这套方法可以成功的引导社区高中的学生吗？如何做？

答：第一，请原谅我不敢越俎代庖，学科不同，我不敢打包票说如何翻转，就像学校同事到日本观课，问佐藤学本人，学习共同体可以运用在文学吗？佐藤学说，他觉得不太能，因为文学是一种美感经验，很难在学习共同体中实现出来。所以我说，不能把佐藤学的东西照搬来台湾地区，一定要因地制宜、因时制宜、因校制宜、因学科不同而制宜、因学生程度高低而制宜，甚至也要因老师差异而制宜。我要说的是，佐藤学认为不太能做到的文学，我做到了！而且佐藤学真正影响我的只有观念，我用自己的经验打造出完全适合我学生的“学思达”教学法。

第二，既然您已经实验过了，可见你是用自己的办法，我不知道您的办法为何？也就难以知晓您为何失败？

第三，我的“学思达”教学法里头有很重要的“自学部分”，既是自学，前提必须是学生自行阅读就能够读懂，所以我提供了大量的补充注释、翻译，目的就是让他们没有阅读和理解上的困难。以我奇烂无比的物理和化学学习经验，要我自学恐怕难度非常高，那么老师就必须先考虑，我是不是要先教一些东西，再让学生自学；又或者我是不是要提供更多容易理解的资料，让学生自学没有困难……诸如此类的预先考量。

第四，能否在社区高中成功运用呢？好问题。这个问题，台南市新化高中蔡淑净老师曾来观过课，并撰写一篇《我的“学思达”教学初体验》，详见后文。

问题 8：请教：一是教学前的准备，在分组时有哪些事项要注意？二是教学课程设计，初次尝试，您建议从哪一类型的课文开始着手较佳？三是课程计划安排，一课课文老师安排的教学时程是三或四节课？一般课程的进行，老师您是从哪一部分开始进入，方可吸引学生目光？我接着要进行的课目是《明湖居听书》一课，不知老师您有何高见？另外检附给学生的阅读资料是课前给，还是课堂一开始给？一人一份或一组一份？问题是否随资料一并发下去？还有想请教课程收尾部分老师还会亲自上阵做总结吗？

答：先讲《明湖居听书》，我个人觉得最重要的是写作上的细节描写，要让学生去感受如何通过具体的形象去描写抽象的声音，以及如何通过映衬的写法去凸显主角，这些都不要直接告诉学生答案，而是要通过问题去让学生想出这些答案或找出、分析这些句子。这就是我所说的以问题为主导的“学思达”教学法。你要让学生懂什么，就提供问题去让他们思索。

至于分组的注意事项，请参考本书《四款计分法，上课 high 到翻》，提供了更详尽的解说。

另外，每一种课文都可以翻转，我觉得从白话课文切入最好，因为学生自己都可以自学读得懂，你只要提供好问题让他们深入思考即可。问题必须放在资料最前面，资料连同问题一起在课前提供给学生，资料可在课堂上研读，也可以让学生课前先在家研读。资料是每人各一份。更多讲义请参考"'学思达'教学法"平台。

老师一定要总结！这点很重要，因为还要给学生完整的概念和正确的答案。老师只要讲最精华之处，并由此延伸出来的人生观、社会观察、价值观、实学、思想等即可。不久你就会发现，这样教书才是真正在"传道、授业、解惑"！

问题9：辉诚老师：谢谢您的推荐，《青春第二课》真是一本好书。我看完了之后很喜欢，觉得好适合学生看，于是订了全班的量，送给导师班（初三生）学生一人一本。星期二书刚来，同学们看得津津有味，连上完课的休息时间都主动拿起来阅读（以前大多是聊天或趴着休息）。看到这样的画面，嘴角不禁上扬，觉得这笔钱花得好值得！

我订这本书最大的目的其实是品格陶冶、生命态度的部分，再来是扩充学生的视野。很多青春的问题，学生也许能在这些名人故

事里找到答案。再其次才是写作的部分。因此，我的方式是每天一上课先读一篇，引导学生撷取讯息、思考本篇想传达的意涵，最后再询问他们这个故事可以使用在哪一类的作文题材。

目前学生蛮投入的，但我想请老师能否给我一些建议？

1. 今天已经有同学整本快看完了，所以一开始班级共读的时候，因为已经是他读过的篇章，所以不是很专心。请问这种情形该怎么办呢？现在只有一两个，但随着自己读完的人愈来愈多，应该会更严重吧？

2. 因为怕操之过急，打坏学生的阅读胃口（学生超怕我叫他们写心得），所以目前先口头提问，让他们思考可使用的作文题材。但如果每节课都要回答类似的问题，不知会不会弹性疲乏？如果之后想更善用这本书，可以怎么做呢？

答：第一，老师的引导非常重要，每一课都是一个引导，学生看完未必能懂得老师延伸出去的引导。另外，如果遇到画家，上网给他们看那位画家的作品，解释一下，这是美感教育。

第二、看完的学生，让他去扩展其他例子（这是进阶练习），例如有没有相似、相同的例子，甚至相反的例子！这可训练他们亲自动手寻找资料、整理资料、排列资料，同时又让他有动手机会！

第三，让学生练习缩写文章内容，详细做法请参考本书《七范

例 运用缩写法写好文》。

第四，邀请文章中的主人翁到课堂上为学生演讲，如何办到，上网找这些主要的演讲或介绍影片。

问题 10：在高三实施“学思达”，但效果不彰，打算结束实验。下次该怎么开始比较好？

答：“学思达”原本就需要有一段时间（一到三个月）让学生适应，甚至慢慢培养出自学、思考、表达的能力。“学思达”一开始确实会有进度压力（但学生“学思达”能力成熟之后就不会有进度压力了），一开始也容易出现反弹（毕竟被“填鸭”太久了），尤其是高三，因为学生大考在即，又还没有培养出自学、思考、表达能力，贸然就全面“学思达”，学生很容易就陷入焦虑状态！

这时候该怎么办？有一个简单法子可用，先给一点小翻转即可，暂时不用全翻转。每天拿大考的非选一和非选二题目，直接问学生，完全以问答题为导向，让学生试着用口头回答，老师再口头调整答案。老师可以先试试这个，学生应该不会反弹，从这里入手很容易就看到效果，不用急着在高三放弃“学思达”。宜兰高中吴勇宏老师一开始就是从高三直接入手、直接成功并开放教室的。

教师专业

问题 11：有学生说，老师都没在讲课，为什么还能领薪水？

答：第一，老师没有不上课，只是专讲最重要的东西和学生自学不懂之处。第二，这句话是玩笑话呢，还是正经话？若是玩笑话，且一笑置之，自是无妨。若是正经话，还要追问：是一个人意见，还是少数人意见？甚至是多数人意见？若是一个人意见，一个人意见就能轻易动摇了老师的意志与信心？如果是少数人，人数是多少？为何会形成这种观念？如果是多数人，就更要追问何以如此了。

我以自己为例，我每一届学生快毕业时，我会在交出所有成绩之后，让学生写这两年或三年对老师教学、班级经营的优点和缺点，我告诉学生，写优点是希望可以继续保存，写缺点是老师希望将来可以改进、不要重蹈覆辙，让下一届的学妹们享受更好的教学与班级经营品质。结果，每一届我看这些回馈单，没有一次例外，都要难过、沮丧至少一个星期到一个月，甚至还想辞职算了，因为我居然做出这么多蠢事！

容我举一个例子，从前检讨考卷时，有时随口会说：“这一题不是教过了吗？”有个学生就写：“老师不要再说这句话了，您不知道这句话很伤人吗？教过有什么了不起，教过不会忘吗？如果我们教过就不会忘，还需要考试吗？还需要你吗？”从此之后我就不再说这句话了，甚至把这句话当成笑柄讲给学生听，结果学生听了之后就说：“老师，你赶紧跟某某老师说，他也这样！”听学生这样讲，能不心惊吗？

我也曾经因为生气失言，课堂上说错了一些话，有三四个学生写这样很不妥。我也可以做到当着快毕业的学生，公开鞠躬道歉，承认自己错误——为什么我要这样对自己残忍，因为我相信，唯有这样，我的教学与班级经营的品质才会精益求精！其实，让学生写这些，目的是要让学生帮你改善教学，不是秋后大算账，大多数学生就会很公允、真诚地写给你看。

我说这些，目的是想让大家了解，哪怕我辛苦熬夜作四十篇讲义给学生，和学生讨论，大多数学生会充满感激，但还是有一位学生写下“上得很无聊”，她也和我很要好，她只是真诚地表达意见。从她的意见里我得到一个很重要的启示，老师不可能讨好所有学生，也没有必要讨好所有学生，但是不讨好的过程，必须找到自我信心和意志，相信我这样做是真的对学生长久有利的。

我这么多年来坚持的东西，也不是学生、家长一下子都能理解，我还不是坚持到现在，不曾动摇。

第三，课堂上的翻转，大多数学生还是能感受到老师课前的付出。要知道翻转教材比传统教材付出的时间多得多！

第四，学生已经习惯了传统讲述法，对于他们不熟悉的翻转教学法，自然会有陌生感、怀疑，甚至排斥。老师的信心要强，翻转教学技巧也要不断精进才行。观课的老师会观察到，我简直是唱作俱佳，为什么？因为传统教学法把太多时间耗去讲解基础认知，一旦这个都不用讲，我除了讲严肃的传道之外，唱作俱佳的补充就显得重要极了。我说过了，它会让课堂充满起伏变化的节奏感。

第五，我已经这样坚持 17 年了，各式各样在不同地方的实验也做了 17 年，有些核心价值，是我 17 年来一直保持不变的东西，时间只是一直证明，我坚持的是对了，也就让我信心愈来愈强。

问题 12：我问“建中”三位前来观课的英文老师（其中一位老师已经尝试在翻转）：你们教的学生是台湾地区最好的学生，你们有把握经过你们调教，他们能够更精英、更脱胎换骨吗？你们的学生将来功成名就，他们还会感激你，觉得求学路上还好有遇见你，深受影响？如果没有，原本的教学难道没有出问题吗？

答：我要告诉大家的是，不要以为在明星高中教书很容易，你能不能对学生产生影响，决定了将来学生毕业之后还会不会尊敬你；也不要以为得天下英才而教之，多么幸福，那只代表着老师承受着更大的压力和栽培学生的重责大任而已。假设你得天下英才而教之，英才上课不理你、睡死一片，甚至瞧不起你，我请问你的幸福在哪里？

学校行政

问题 13：我也想推行“学思达”，可是学校资源少、行政也不主动支持，怎么办？

答：只要学生支持你改变，就够了。重点其实不在于有没有人支持你，我做了 17 年，一开始也是备受批评、遭受质疑，一路颠簸前进的。我心酸、沮丧、难过的时候也没有人看见啊。十几年来，我不也是一个人走到现在？

真正能改变教学现场的是老师。为什么“学思达”重视开放教室，因为眼见为凭！开放教室就等于告诉其他老师：这不是口号，是真正可以做到。只是“学思达”、翻转教室现在看起来好像很热闹，但很多人其实不知道那是什么，甚至也觉得跟他无关，就是个热闹的词。所以如果我们一下就要进到第二步，想影响校长、影响家长，那就危险了，因为外围的力量压迫他们，他们自然会强力反弹，那可不是一个好的状态。

这就像很多人知道我在做翻转教学，他会直觉抛出问题：“那你们中山女高有多少老师在翻转？”我当时的策略很简单，我要通过外围力量来包围中山女高。为什么要这样？因为真正有概念，会想要改变的，很有可能不到10%，他们很有自觉，对教书有热忱，感到挫折，想要改变，想要突破。

有个校长曾给我个数据，他说：“辉诚老师，你这样一直讲一直讲，每场到处讲，台湾地区有16万个老师，你要讲到什么时候？”我就想，16万，那30个人一场……我讲到喉咙长茧也讲不完啊。后来我就分头进击，在网络上传影片，这是一条路；我在网络上写文章搭平台是一条路；我到处演讲，又是一条路。这三条路要一直不断地往前走。现在又有一条路出来，因为很多老师一起帮忙讲。所以现在谈学校资源少，行政不主动支持，在我看来都还不是很重要，为什么？因为我们那个量还没出来，一旦这个量出来，就不太会有这个问题。

如何突破这关？其实也很简单。现在“学思达”已经建构一个平台，有自己的社群，任何问题都可以在平台上发问，老师们就会互相支援，提供建议，我觉得这个状态是最好的，因为我不可能有那么多分身，可是每个老师都变成“学思达”的引导者，他既然可以引导学生，必然也可以引导老师，不断的相互提携。其实，我一开始没有预料到会有这个迷人的状态，当它出现的时候，我一直很感动，后来终于搞清楚，原来这是个良性的、相互激励、成长的过程。

家庭资源

问题 14：父母也能在家“学思达”吗？

答：我跟儿子讲了半年的床边故事《西游记》。有一天，我老婆要我跟儿子“学思达”一下，于是就问了他《西游记》的主角，结果发现他忘了“猪八戒”这号人物。讲了半年的故事，他连主角都记不牢，这就是填鸭式教育的结果。后来我就一直问他问题，问到都该睡觉了，结果他竟然兴奋到睡不着，可见提问的重要。

当小孩开始理解、认识这个世界时，充满着问题。他一直问、一直问……问到了小学后，就再也不问问题。因为，老师叫学生闭嘴，一直告诉答案，这是我们对小孩最大的伤害。那家长如何在家里完成翻转教育？

很简单，当你的小孩开始一直问问题时，不要那么快告诉他答案，试着带着他找答案，找你们家所有找得到的资料，或是不断再反问他问题，这个过程其实是翻转的原形。我印象很深刻，小时候曾经问我哥一个问题：“为什么我们家没钱？为什么不能自己印钞票？”我一直问，一直问到最后，就会回到知识的根源。

所以，家长不应该随时告诉小孩答案，而是陪伴着他一起思索，让他用自己的能力去找到答案。一个敏锐的家长，应该是当孩子找出答案时，你可以再问："那有没有其他的看法？"这样就变成学问了。当我们太强调速度、强调效率，最快的方法就是直接告诉孩子答案，但同时也破坏他各种能力的养成。

15

伙伴助攻：三方式

施打“学思达”教学预防针

“学思达”第一堂课非常重要。工欲善其事，必先利其器，提供下列三种方式，帮助老师轻松展开第一步。一、让学生看“学思达”PPT 简介影片，同时进行说明（高中老师范例）；二、写信给家长（小学、初中老师范例，内容非常精彩、动人）；三、直接对学生说明（高中、大学老师范例）

方式 1　向学生介绍“学思达”PPT 影片并说明

宜兰高中吴勇宏老师：

提供一点小小看法，给许多即将翻转的老师。在开始翻转前，可以花一节课先向学生说明教学上即将有的改变，为何要改变？以及你观课中所获得的感动与省思。借由与学生对话，让他感受您的用心，了解这改变不只是为了考试分数，而是他的能力与未来，让他懂老师为何要改变。然后在课程进行中也常抓住机会鼓励学生，并再次广告，给学生一分钟，想一想改变教学后自己的改变，不断地利用鼓励与广告来催眠学生，帮助学生自然而然地进入改变中，建立起师生对话交流，既达到教学目的，也进行班级经营，便可事半功倍。

"学思达"不是只有训练学生，老师也需要"学思达"，学是学习教学操作的基本原理。思则是思考如何运用于自己课堂，其中会有自己本身能力，学生程度等因素，做出适合讲义。达则是创造，要能运用，即是想出机制运用与解决问题。老师希望学生主动，老师便要更主动，才能走在前方，扮演好引导者的角色。

方式 2　写信给家长

小学篇：迟来的一封信　　彰化大竹小学谢湇婷老师

各位家长：

你们好！

一封早该发下的信，却延宕至今才发出，还请各位见谅。

今年暑假，我一直在思索，未来的一年，我要如何培养604的宝贝们，拥有带得走的能力？为了寻找答案，我参加不少研习，加入许多专业社群。通过研习，省思改进教学；参与社群，进行线上自学，还进一步与同事进行多天的自主备课。我深深醒悟，迈入第19年教学生涯的我，若不改变，不突破，对这群宝贝们来说，可谓是一种慢性戕害。戕害什么？戕害他们的自学力。

曾经在网络看过一句话："知识教了不一定会；不教也未必不会。"这句话印证了"自学"动机强的学生，学习成就相对的稳定与优异，为何我会如此果断？因为带了五届高年级学生，无一例外。高年级课程难度提高，学生的学习兴趣却呈反比，为什么？因为他们的思考力，自学力被钳制太久了，以至于不得不自废"武功"。学生常说：这题老师没有教，所以我不会写。我在班上常对学生说：如果每一道题目都要老师教过你才会写，那我们师生铁定爆肝，因为上课时数要无限延长。

我必须向各位家长承认，以前中规中矩的教学法真的错了，没有以理解为前提的精熟练习教法，只是为了对家长有交代，而自我安慰和脱罪借口便是：这些月考考题，平常练习卷、作业练习簿和考前复习卷上都有，学生不会是他自己不用功。然而，学生的学习困境岂能以此借口草草带过？研究所一位教授这么说：一个学生学不会，不是老师的错，但一个老师若没用超过 29（法定班级学生数）种方法来教学生，那这绝对是老师的错。或许这句话严苛了些，但着实让我醍醐灌顶，我问自己：最多用几种方法来教学生？一种、两种、三种、四种，最多不超过五种，我都放弃了，学生不放弃才怪。

但有一种教法，绝对适用 604 每个宝贝，那就是教他们思考。时光倒流，忆及一年前 504 的亲师座谈会，我对与会的各位这么说：这一届，我打算改变语文和数学科教法，因为我深信教会学生思考，比要求学生反复练习重要。语文科在两位优秀伙伴——乃华老师和凤贞老师协助带领下，训练学生进行高层次思考与理解。数学科则进行数学日记写作，希望学生每天都能通过写作的过程，进行复习、反思与自我监控。一年过去了，感谢家长的支持与配合，一年下来，604 的宝贝们，有了基本功，但教学拼图缺了一块的感觉，却常萦绕心头。我自问：到底缺了哪一块？今年暑假我终于找到这块拼图了，是哪一块呢？是“学思达”。

什么是“学思达”？就是希望通过学生自“学”、“思”考、表“达”，来翻转传统老师单方面讲述的僵化教学方式，让学生重新掌握学习主动权，让学习效果加倍、让学习热情重现、让学习内容学得又深、又广、又好。“自学、思考、表达”，是学生面对未来社会必备的关键能力，相信各位家长一定认同这个说法。在过去一年，604 的宝贝们已练了“思考”的基本功，当然这学期得持续练功，除此之外，培养他们“自学”与“表达”将是我未来一年的教学重点，然而若没有各位家长的支持与配合，这样的教学改变注定失败。所以，在此恳请各位，请给宝贝们全力的支持与绝不心软的要求，为了他们的将来，我们一定要携手共筑“亲师生学习金三角”。以下便是我未来一年在 604 课堂进行的改变。

首先是语文，除了原本的思考力培养以外，“写作表达”是我要进行的另一个教学重点，良好的写作表达力将会提升学生的竞争优势。因此，我取消了查字典作业，只保留圈词作业（希望期中之后也能取消），而为了让学生有充裕的写作时间，又不会增加其写作业的负荷，这学期的“语文练习簿”将不再统一指派当回家功课，只会撷取重点内容进行全班讨论，若家长不放心，想让贵子弟全本习写，我将提供解答本让您印制以利核对与订正。

再来是数学科，除了原本的数学日记外，“学生自学”是我要推动的另一个教学主轴。因此我导入了完全免费的“均一教育平台”，在这个平台上，有搭配我们数学版本的教学影片，让学生依照自己的步调和进度，观看教学影片，重点是学生可以反复观看和聆听讲解，补足课堂上遗漏的课程概念。我已在开学日当天，帮学生建置进入该平台的账号，只要有电脑和网络，学生都可以进行自主学习，而我也可以在平台上监测他们的学习进度。所以，希望各位家长能让贵子弟在家上网自学，若家中真的无法提供孩子上网学习，您也无需担心，学校会提供平板，让孩子利用早自修或课余时间观看影片自学。这样的改变，最重要的是贵子弟务必先看过教学影片，因为今后我的教学方法不再是单一的讲述法，而是着重在探究式教学法，在课堂上进行学生迷思概念的澄清，若学生无法先观看教学影片将很难融入课堂，学习效果势必大打折扣。此外，这学期"数学作业簿"也和语文一样，不再统一指派当回家功课，只会撷取重点概念题目进行全班讨论与教学，若家长不放心，想让贵子弟全本习写，我亦将提供解答本让您印制，以利核对与订正。

最后是品格教育，为了培养学生的感恩心，提升品格素养、增进服务学习的知识及养成理财记账的习惯，并且让学生通过活动体会"一分耕耘、一分收获"的道理，(详细内容可上网搜寻"感恩联络簿")本学期向感恩基金会申请感恩联络簿，希望通过各项积点活动，形塑学生良好的生活习惯与品格，详细积点项目，已张贴在联络簿，请家长参阅，也希望您能一起督促贵子弟努力达成每日积点目标。另外，五年级时向伊甸基金会申请了"爱心面包扑满"，这学期也送达，希望每个学生量力而为，进行捐款，活动结束后，学生的爱心捐款也将随着扑满全数捐给伊甸基金会，让“帮助弱势”不再只是个口号。

感恩您耐心地将此封冗长的信看完，有关上述课程教学方法的改变，若有任何疑义，欢迎各位家长与我联络。

谨此

顺颂时祺

604 导师 谢淯婷

中学篇：语文老师给新生家长的一封信

高雄市福山中学黄尹歆老师

各位家长好：

很荣幸担任贵子弟初一语文的任课教师，未来一年，贵子弟在国文科方面的学习，希望能有您鼎力的支持，孩子在初中的初始阶段就会有好的开始，以下概略说明语文相关的学习方式：

1. 上课方式：减少传统讲述的填鸭式教学，以“学思达”教学法为主，所谓的“学思达”即在培养学生“自学、思考与表达”的能力（您若想了解，可上网搜寻自学，关键字为“学思达”或“张辉诚老师”）。

2. 为了实施“‘学思达’教学法”，老师自编教材才能引领学生做高层次的思考与讨论，所以有关讲义与考卷的印制费必然增加，尚请家长包涵（平时卷不订坊间成卷，故也算在影印费里，其他坊间现成讲义、自修请自行斟酌购置）。

3. 阅读与写作的材料以《青春第二课》一书为延伸教材，其内容谈的是“全世界古往今来杰出人士青春时期的迷惘与成长经验”，作者王溢嘉说：“只有青春能启发青春，也只有青春能说服青春。”希望利用一年语文课堂上的阅读，陪伴贵子弟度过骚动叛逆的青春，更希望能在教学上增加贵子弟阅读与写作的能力。

4. 请协助贵子弟下载免费的“心智图”，这一软件是利用图像式思考来表达思维的工具，有助于学习上的统整与记忆，语文课会常常需要贵子弟在家预习、复习课程内容时绘制“心智图”，写作课时更是脑力激荡最好的媒介，若无电脑可用，手绘亦可，虽然速度比较慢，却随手可画、原创性亦高，经常有令人惊艳的佳作产生。

以上为语文课程内容说明，有任何疑问欢迎与我联络。

敬祝

阖家平安！

方式 3　直接对学生说明

高中篇：彰化高中徐庆龄老师经验分享

翻转第一周，我设定在“学思达”洗脑周，但是我没有花一节课来专讲“学思达”（因为自己觉得这样不就是讲述旧招，哈哈）所以是以活动开场，然后告诉学生，这就是“学思达”的基本运作。接下来一周，每节课都花一点点时间，跟学生提到：我要给你带得走的能力，所以希望你知道自学是什么……“学思达”不是我发明的，在外面已经很多人在做了，你跟不上，你输在哪里都不知道（作者按：这会不会太棒了啊，还有下面的游说语，实在太惊人了！我要是学生，马上迫不及待要“学思达”），我不要你只听我讲，因为你可能比我会讲、比我优秀……反正，就是一连串分散式的洗脑啦。哈哈！一周后，学生自己自然会爱上“学思达”，就不必太多赘述啦。不管方法为何，我觉得是要跟学生讲的啦，要学生知道你要带他们去哪里，然后我们就像是导游，一路洗脑客人买名产啦，哈哈。

高中篇：台东罗胜吉老师的化学课第一堂课

与大家分享今天第一天开始上课（高二化学）后的一些心得：

一、我简单介绍这个学期我们将要采用新的教学法后，就给学生看“学思达”教学法简介影片（约十分钟）。

看的过程中，学生并不是很专心！可见即使张辉诚老师讲得很好，也无法吸引学生的兴趣。唯有实际的提供学生进行“学、思、达”，才能使学生乐意留在学习行列。

二、接着我们花一些时间进行分组，我采用的是林淑媛老师的合作学习分组方式。

三、我对学生说，“我绝不是在呼口号！”

我再说，我们都在学习，我深切期望在未来的一个学期，“合作完成”“阅读、思考、表达、合作”“乐意留在学习行列”，这些都可以很具体的在我们班上被观察到！

四、最后，我们进行“学思达”教学活动。引导式问题讲义内容如下，主要是帮助学生复习“原子的电子排列规则”，以接续学习高二化学中的“八隅体规则”。

1. 原子的电子排列规则：

- 何谓电子壳层？
- 何谓电子能阶？
- 说出原子中电子的排列规则。

2. 价电子：

- 何谓价壳层？
- 何谓价电子
- 说出价电子与化性的关系。

3. 八隅体规则：

- 写出第一至第三周期的惰性气体的电子排列情形。
- 为何惰性气体特别稳定？
- 其他元素在产生化学反应时，其电子排列有何变化趋势？

大学篇：我的"学思达"

台北大学中文系袁光仪老师

（作者按："学思达"如何在大学落实？这不是口号，而是早已成功的结果。我在大学兼课多年，从空中大学到世新大学再到我的母校台师大，每所学校少则两三年，多则四五年，"学思达"有很多成果都是我在大学实验成功之后，再把成功的经验复制到高中课堂。

台北大学袁光仪老师，是师大博士班学姊，上学期她开始采用“学思达”上课，她写了一篇很长的心得，非常精彩，摘录重点于下。）

一、我为什么要采用“学思达”教学法

其实大家看了张辉诚老师的文章就知道“学思达”的好处了，所以简单来说：“好的东西当然要用”，还需要解释吗？ 但如张老师所言：“学思达”教学法的成败关键，就在于“事先分组”（即规则设计）、“课前讲义制作”以及“老师引导”这三件事上。这三件事较之传统的讲授法，对老师的教学负担，只有更麻烦、更沉重，而不会更简单。光说讲义一项，张老师教高中只要准备一科语文，每课讲义都要爆肝制作了，而我这学期有五门课（南辕北辙的外系大一语文、国学导读、语文教材教法、中国思想史、宋明理学），我可没有五个肝可爆（而且我同时还有另一条也须爆肝，名为“研究”的不归路要走），更何况我先天不足又后天失调，完全不具备“成功人士”的体质，套句我女儿的话就是“睡得比别人多，精神还比别人差”。若是睡眠不足，“老师引导”这项铁定也会乱七八糟，不知所云。因此，对于张老师的活力十足，我也只能五体投地地拜服，完全无力效法。

简言之，我无法复制张老师的“学思达”。但听了张老师的教学法，便要马上尝试，一口气改变每个科目的教学模式，采用“学思达”——让同学“自学”“思考”“表达”，主要是因为它确实为我长年思考的问题找到一个具体可行的解决方法。

我想解决的问题，简单来说就是一句话：如何让同学认清“读书本来就是自己的事”。“语文”这个科目，所谓的人文素养，其实最基本的就是“自觉”，最需要养成的就是体认一种“为己之学”的生命态度。对外系生而言，大一语文已是他一生最后一年的语文课，若再无法去自觉地“自主学习”，日后他的人文素养不但极可能停滞，而且是“不进则退”；而对中文人而言，中文领域原本就浩瀚如海，课堂上老师给再多都嫌太少，若不能自主学习，四年下来所得，将连“皮毛”也谈不上。但用讲授的方式，要让每个学生认知并实践“自主学习”，便始终是知易行难。（说真的，我以前读语文都是自动自发的，老师教得好不好根本不是重点。当然，我衷心感谢曾遇过的许多好老师，但“好老师”其实有很多种，在我那个年代，注重“教学方法”的好老师，确实不太多。因为老师们自己都是苦读出身，只要老师给他一部经典让他自学，就是他终身感念的好老师了，谁需要在乎教学方法？）

正因为我认为读书完全要靠自己“自觉”，所以身为老师，我所能做的只是努力提供“值得读”的教材，抛出“值得思考”的问题给大家而已。但即使每年能遇到一些暖心的学生，愿意读、愿意想，甚至不只是默默的，还有人愿意大方地给我一些令人感动的回馈（其实也不是真的多大方，大多还是教学评鉴时的匿名填写），证明我的教学确实让他（她）感到受用，却还是无法避免一个血淋淋的事实：每次期中、期末考试，多少都会看到一些让人摇头甚至傻眼的答卷。本来考试的目的便是督促大家必须读、必须想，但往往结果就证明了不少人读不够也想不够，没读懂也不会问；还有人是根本没有读也没有想，或者更糟的误读误解，乱想一通，还自以为是。但我不可能针对那些被误读误解的部分再重新讲解，除了时间因素外，更根本的原因在于会听我讲解的总是那些本来就没有误读误解的人，他们不必重听一次（虽然再听一次可能有新的启发，但我相信，他以此学习精神，很多道理不必我说，可以等他自己慢慢体悟发现）；而真正需要听的人可能依旧恍惚、瞌睡，或根本没出席……

因此，“予欲无言！”多说无益，用张老师的方法，直接让能读能想的同学发表，让原本不愿读不愿想的同学听听，“平平是同学”（闽南语），有人可以对经典有这样相应且深入的理解，比起老师说的，应更有说服力；就算有些误读误解，课堂上发现就可以直接澄清，甚至不用老师纠正，听听其他同学的意见，彼此讨论辩正，远比老师的说教，更能令他心服口服。

“读书是自己的事”，这一简单的道理，用讲述法永远只能启发部分同学，但通过“学思达”，就让所有同学直接落实于实践。

不过，无法完全采用张老师的做法，除了前述的困难之外，当然还有一些大学与中学的差异需做思考调整，此外，还基于某些与张老师不甚相同的经验，因此思考的角度也有所不同，也想跟大家分享。

二、我的“猜谜”经验

……虽然依张老师的理念，确实可以在课堂上看到同学努力思考、乐于求知的模样，真的很迷人，但我觉得还是要看情况，有时不见得不能告诉同学答案。张老师训练高中阶段的学生，或许所讨论的问题都是同学应该要能靠自己力量找到答案的，但到了大学阶段，我想给大家思考的问题，有时是需要花一辈子去找答案，而且你每个阶段给自己的答案或许也会不一样。照理说，像这种看似没有标准答案的问题，更该让你们自己去思辨，我也不应该给你们答案，但有件事也许是你们所不知道，也没想过的：我们所有的那些生命问题，古圣先贤在历经自我生命不断超越辩正之后，其实都已找到了明确的答案，但这种答案是年轻的我们自己想也想不到、就算老师告诉了答案，也还未必能够理解，甚至也会有所怀疑的（就如那些先哲的生命也要历经矛盾曲折的过程，才能有明确的答案一样，当我们“时候未到”，那些答案也无法解决我们当下的问题，我们自然也无法体认它的“正确性”）。然而，即使当下的我们不理解他的“答案”，甚至也还没遇到他的“答案”所对应的生命问题，但一个经得起时代考验的先哲先贤，他所思考的问题绝对是有“普遍性”意义的问题；而他所给的答案也绝对有让我们放在心中，反复思索的价值。若能及早认识它们，站在巨人的肩膀上，便能让我们看得更远，因而能够少走一些冤枉路。

……总之，因为老师给你们的问题有些可能很难，也许离你们当下所关切的事物很远，无法强求你们在短暂时间内想到，所以有时我可能不排除给你们一些“参考答案”，然后再引导你们，试着把这看似距离遥远、毫无关联的“问题”与“答案”连接起来。其实，连不起来也是正常的，可以放在心里慢慢酝酿，没有关系；但如果有同学能对于当中的关联与意义有所意识与体会，那就十分难能可贵了，而这样有“慧根”的同学，不早点让你接触、思考这些问题，又岂不是太浪费了吗？

三、我的教学理念

虽然我先从“老师可能提供答案”来谈，而且把那些“古圣先贤”的答案讲得十分伟大；但我还想跟你们分享另一个看似相反的态度就是：很多时候，答案其实一点也不重要。就算是我前面说的那些先哲的答案，是颠扑不破的真理，也是我很想介绍你们认识了解的东西，但如果你就是不能理解，有关系吗？其实真的没关系。有关系的是，如果面对未知，我们没有一点好奇；面对前人既有的文化与智慧，我们不能保持一种虚心谦卑，不能欣赏、没有尊重，这样一种自我封闭固着的心态，这才是我们所要极力避免的。

所以，真正重要的是我们能够对“未知”保持好奇、保持谦卑；对“求知”保有热诚，永不自满，并且能够感受求知过程的趣味，甚至能够乐在其中。只要能保持开放的心胸，对任何不管是熟悉或陌生的知识，都能不抱持成见，不自我设限，愿意去尝试了解，这样就够了。至于那些“问题”与“答案”本身，不管是什么内容，最多都只有“相对的”重要，而没有绝对的重要。尤其在这资讯爆炸、专业分工日趋严密的社会，我们的未知永远比所知的多太多，任何人都不可能知道所有的知识，所以，对于知识也不必无穷追索。

16

伙伴助攻：四款计分法

上课 high 到翻

作者按：有些初中老师来观课后，发现初中教学现场并不适合“常态分组”和“默默评分”两种评分法，于是郭进成老师分享了“大联盟球团选秀分组法”和“海螺图计分法”，还有蔡宜岑老师分享“扑克牌计分法”，受到初中老师的积极使用、备受好评。（请注意看，这就是“学思达”的好处，老师开始分享彼此的资源与本领。）以下即介绍四种分组法，供大家参考：

郭进成《大联盟球团选秀分组法》

一、何谓大联盟球团选秀制呢？

1. 教师先依学生段考成绩高低，分成四批人马。

2. 由成绩最不理想的学生当组长，也就是“球队经理”，由他负责第一轮的选秀：挑成绩最好的一位同学当他的学习伙伴（组员），同时我还规定只能选异性来当教练，这是希望借由性别的异质让学生在讨论时能较投入课程内容。这时，教师的话术很关键。要好好引导这些学生，不妨说这是为了让我们的球技（学习）更精进！

3. 之后再由成绩最佳的这位组员进行第二轮选秀，避免所有选秀责任都在组长身上，可免除组长过大压力。

4. 没被选上的最后一组人马，则是由他们自行选择要加入哪一个小组。避免没被选上的这些学生产生负面感受。

因为按照以往观念似乎是各组选剩的，为了打破这种负面的感受，不再让他们被挑选，反而是让他们自己选择要加入哪一组，即化被动为主动。举例来说，陈小谋成绩最不理想，陈小谋成为第一组的组长。他选了王圆圆当学伴（教练）。王圆圆后来选了张小杰加入该组。最后还没被选上的李斯斯决定加入陈小谋的组别。

四人黄金团队组合完成，共二男二女。

组员依成绩可分成：

经理（学科成绩最差），也就是各组组长，由他先选出教练，例如陈小谋选王圆圆。

教练（学科成绩最优），再由教练选出助教一名，王圆圆选张小杰。

助教（学科成绩中等），助教共两位，一位由教练选出，另一位则由他自己决定加入哪一组，李斯斯决定加入第一组。

这样的分组再加上适当的小组竞赛机制，至少有两个好处：

第一，战力平均。教练和经理坐一起，且两人是异性（男教女或女教男），教练有能力教经理。另二位助教可以自学或互学。

第二，维持斗志。教练比较有学习意愿所以他们在可以维持各组向上学习的斗志。

一路走来，发现问题与解决真的是随着教学的困顿而寻求解套。如现不是因为施行"学习共同体"，碰到分组的困难，我不会遇到"学思达"，当然也就不会有问题，而教学现场没有任何问题，恐怕才是最大的问题吧？

就是因为进行学习共同体和"学思达"教学的改变，我的教学才会产生一个又一个大大小小的问题或困难点，但我在乎学生的学习，我也能学习，所以透过许多老师的回应，我也慢慢找到了愈来愈多的资源，来协助自己解决问题。

（作者按：分组的原则在于，每组最好都有上中下程度的学生，成绩绑在一起，程度好的学生可以教别人，一方面上课有事做不会无聊，另一方面又可以产生最高的学习效果；程度不好的学生上课不会无助，可以得到帮助。程度好的学生以前都用高成就来当做打败同学的工具，现在高成就却可以拿来当作帮助同学的工具。同学之间，付出和关怀，爱与被爱，会奇妙地出现在教室当中，学生之间的感情会变得非常好！）

二、分组的组员身份名称，“经理”“教练”“助教”。可以由老师自由设计，有的老师改成“球队老板”（只有打球能力差）、“明星球员”（当红炸子鸡）、“教练”（曾经是明星），历史科则是“小皇帝、太后、丞相、大臣”，可以随着科别特征或学生喜爱而自由命名。

郭进成《海螺计分表操作法》

各位要如何称呼这张图表：蜗牛计分表？螺旋计分表？都可以。我不是原创者。我只是分享者。

进行分组合作学习（学习共同体／“学思达”教学）时，有段时间，我采取了辉诚老师分享的小组互评机制。效果还不错。各组学生比较能专心聆听别人的发言。

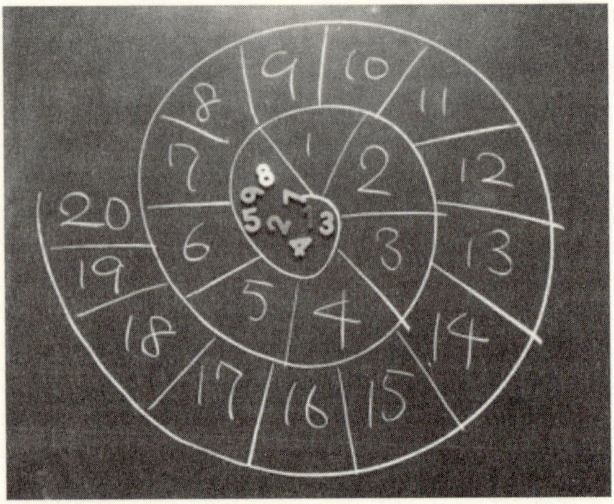

但是教师设计的题目不是每题都适合互评，因为有些题目属于具体问题（基础题），答案轻易可辨，这类问题对于学生的基础学习虽说重要，但或许不太适合互评。比较适合小组互评的题目，应该是核心问题或单元问题。而一开始，社会科每节课如果老师能设计出一题核心问题让学生思考，应该就很不错了。加上课堂时间的限制，如果每个问题不分类别都让学生互评，也挺花时间的。

所以我决定混合运用小组互评机制（核心问题或单元问题，由各组学生来互评）与海螺计分表（具体问题与单元问题，主要由教师来加分），来引导学生投入小组合作学习与聆听。也就是每节一上课，每组都会从五分开始起跑。

为何要让每组学生从五分开始起跑呢？除了保有扣分的空间外，

其实是为了好好鼓励学生。你看看，才刚开始上课，就直接加五分。之后教师看哪组迅速准备好上课状态、小组讨论氛围最迷人、抢答最积极、聆听最专注等各种值得加分的情况，就随时可以再加分，增加学生抵达目标的机会，因为我告诉学生只要小组抵达终点的话，该组还可以获得一份小礼物，真的很小很小，这时教师只要再加点创意或幽默感来提供礼物，可以让学生更期待、也更开心。有时不是礼物的价值，而是它的意义。

其次结合大联盟选秀制分组法。尽量将光环留给经理 / 组长。我会提醒各组学生说，如果是组长回答而且答对的话，分数加三分，如果其他人答对，分数没那么多。换言之，各组的教练如果想让小组成绩好，最有效率的做法是教会组长来抢分。

一开始使用海螺计分表时，总觉得学生会不会嫌太幼稚呢？没想到，效果是有的。而且还很明显。可能因为小组互评，学生无法在第一时间看见小组的表现到底如何，有点无感。但加上海螺计分表后，教师可灵活运用它来营造小组合作表现、讨论、发表等等。

最重要的是教师要以加分为主，扣分为辅。我有时会用扣分，虽然会有效果，但其实对学生的学习氛围是有影响的。不如说："啊，第三组的讨论好棒啊，加一分。""第二组都好注意听别组发表呢！好赞。加二分。"

话说回来，上述种种机制都只是引导的诱因罢了。如果我们的学生已经开始投入学习状态中，教师就不用太刻意使用这些机制了。

（作者按：我是在高雄“学思达”大型研习，第一次看到海螺图的使用，真是惊艳不已。“海螺图”再加上“扑克牌计分法”，简直就让课堂活泼异常、让学生乐在学习、专注于学习啊！）

蔡宜岑“扑克牌计分法”和林姿君“举手计分法”

“扑克牌计分法”是老师分享出来，广受好评。我在高雄亲眼看到真实使用过程，觉得实在太神奇了！宜岑老师手持一副扑克牌，四处游走，看到同学讨论认真，就发送一张扑克牌给该学生；上台回答问题之后，其他各组组长马上举手评分，一到四分，最多人举出的相同分数就得几分，如最多人举三分，就给该组三张扑克牌；遇到发问精彩，也发一张；上课最守常规，也发一张；表现优异，也发一张……宜岑老师简直就像大员外一样，到处见善施财，一张张扑克牌不断发送出去。等到扑克牌发完之后，就让各组组长计算有几张扑克牌，一张代表一分，然后让组长陆续上台，移动海螺图内自己的组别磁铁。各组移动磁铁时，底下同学都很紧张，真是非常刺激！

基隆“学思达”研习，林姿君老师真实授课时，更将举手评分权，交给教室后头的观课老师（每人手上有一个赞），有几个赞举起来，学生就能得几分。如此一来，连来观课的老师都有参与感，都得认真聆听发表才行。真是太棒的方法了！

17

学校给力

有效经营，帮助老手、新手教学都上手

在推广"'学思达'教学法"时，我原本预估：最能打动教书十年左右的老师们。因为已有十年经验的老师单向口述教学技术成熟、教材熟悉、口才流畅、班级经营能力佳、讲台表演能力强，但教学热忱却开始慢慢消退，甚至急速陡降。我想"学思达"可以很快帮助这些老师重新找回教学的热情和能量。

虽然我一开始锁定的目标对象是教书十年的老师，但是"学思达"本身却以惊人的穿透力，从第一年开始教书的老师，一直扩充到教书五年、十年、十五年、二十年、二十年以上，甚至将要退休的老师，都开始运用"学思达"教学，同时取得让人惊喜连连的成效，果真让老师重新找回热情，让学生乐在学习。我且举两位老师为例，

一位是第一年教书的老师，一位则是即将退休的老师。

这两位老师都在台北市兴福中学任教，校长许芳梅女士给予校内老师全新资源与大力支持，让这所濒临废校的学校开始有了新的契机。许校长一方面提供公假，让校内老师们到校外开放教室去学习；一方面寻找翻转成功的老师到校演讲、辅导；又陪着老师一直往前，用极大的爱和信任让老师大胆改进教学。同时关心老师的改善教学进度，具体了解老师需要帮忙的地方，然后再提供更多帮忙（如果细心观察，就会发现：这就是“学思达”老师在教学现场对学生所做的事情）。

许校长特地寄给我该校各科的“学思达”翻转经验，果然，文科翻转较为顺利，理科较不顺利（但现在台湾地区已经有很多老师在理科教学也“学思达”成功了），确实如此，这也是我们要引入“均一教育”平台，长期和均一合作的主因。

许校长寄来的老师心得，我谨摘录两篇，一篇是明年就要退休的老师，书写如何从学习共同体到“学思达”的过程；另一篇是第一年开始教书的老师，描述如何开始接触“学思达”、如何从犹豫到行动、如何开始在课堂上正向鼓励学生、如何看到学生的改变……我看着看着，眼眶不禁盈泪。

谢谢这两位老师，他们用行动告诉大家，“学思达”不论新手、老手，都能上手；谢谢芳梅校长，她示范了校长如何带动老师进行改变教学的典范！

“学思达”教学有感

台北市兴福中学　吕瑞芬老师

兴福中学从2012年开始为学习共同体的试办学校，二年来教室课桌椅的排列改变了，老师上课的方式改变了，课堂氛围改变了，在这些变动中，今年有了更大的变化。这学期10月15日，中山女高张辉诚老师应校长的邀请到校演讲，介绍“学思达”的教学法，除了思考和表达外，更强调自学。我正好今年接了七年级新生班，于是先向学生说明会如何上语文课，以及为何要这样上课。我开始重新备课，认真做讲义、设计问题。三个月来，我的语文课就在“学思达”中翻转，虽然还在不断地修正中，但至少有几项发现。

1. 课堂上学生很忙，忙着在文章中找重点；忙着和同组同学讨论问题；忙着思考待会儿如何说出这组的看法，他们是课堂的主人，学习的主体。

2. 时间过得好快，当学生还在讨论或发表时，下课钟声已响起，一节课常常在大家意犹未尽中结束了。

3. 由于有计分竞赛机制，轮到的同学得陈述小组的结论，所以平日沉默寡言的同学，也听到他的声音了，每个人都有练习表达的机会，甚至也会有争着发言的景象。

4. 经过两次段考，全班平均成绩并不低落。几位程度落后的同学稍微有进步。

5. 班级经营得好，“学思达”教学容易成功；另一方面来说，推动“学思达”教学有助于班级经营，两者可相辅相成，这一项仍持续观察验证中。

我即将于一年后退休，但我喜欢尝试，从学习共同体到“学思达”教学，让我的课堂风景与过去大不相同。感觉台湾地区在教学上已发展出自己的一套方法，而最大的受益者是学生。

感谢张辉诚老师的热忱，让我们认识了这种迷人的教学法；也庆幸我在退休前，能参与其中，亲身体验，甚感欣慰与喜悦！

“学思达”实作心得

台北市兴福中学语文科　张维舫老师

早在考教师甄试之前，我就已经从教育学程的学长姐口中、与新闻媒体上，听闻有位老师毫不吝啬地公开课表，开放自己的课堂让全台所有老师参观。当时我还不了解“学思达”的意义到底何在，也不了解为何有那么多的老师愿意到中山女高观课，基于考试所需，我开始上网找了翻转教室的影片来看。一开始，只觉得辉诚老师讲话非常幽默，会让台下的观众们有想继续听下去的动力，但基于考试时间，我并没有真正地去了解“学思达”的核心价值与做法。

很幸运的，我受到评审老师的青睐，在第一次的教甄考试顺利通过，从事了从小就梦寐以求的教师职业。来到兴福中学，我了解到学校从校长上任起，便跟随着台北市的教育走向不断前进，甚至是第一批实作学习共同体的学校。当我在备课日再次仔细地观看辉诚老师的影片，我开始有了想尝试的动力。只是，对于一个完全没有教学经验的我而言，内心有小小的恐惧，而迟迟没有行动。我不知道这种恐惧的来源，也许是对自己没有自信，也许是我很害怕改变，改变一个我已经习惯的教学模式。

开学不久，我和几位同事一同到中山女中观课，想一窥“学思达”的实作现场。只见上课钟声响，辉诚老师手抱一大沓讲义，发下后每位同学开始主动“读”了起来，虽然有些窸窣，但看得出每位同学有在阅读，一段时间后，学生们自动凑起来讨论讲义上的问题。接着辉诚老师抽同学上台回答，而学生们也毫不害羞地上台拿起麦克风，这样的景象令我感到十分惊奇！

回到学校后，我虽然也想尝试着“学思达”，却不知道从何下手。在第一次段考下午后，学校竟然有幸邀请到辉诚老师到学校演讲！听完老师的演讲后，我突然感到心中一股动力逼我马上去实作，如果没有一股冲劲，到底什么时候才能改变我的初高中老师那种传统的讲述式教法呢？我是这样被教上来的，自然的，我也这样带给我下一代的学生，因为我的脑中只有这种教学模式。很幸运的，我们语文团队一样被辉诚老师的热情所感染了，在隔次的领域会议中，认真讨论了我们要朝“让学生带着走的能力”发展，而不再执着于传统的字音、字形、默写。

在开始实行“学思达”的第一堂课，我先让班上的各组画出属于自己那组的代表物，让学生对于自己的组别有归属感；也向学生介绍了“学思达”的进行方式，是为了让他们能自行阅读与思考、进而表达自己的看法，老师看似课堂上轻松，却必须在前一天晚上想题目，也要设想孩子回答的答案，因为这样的方法不仅学生要仔细聆听，连老师也必须专注在学生回答的问题上。意外的，孩子的反应大于我的期待，也许是因为分数被绑在一块（我将第一次段考60分及格者列为得分一分，不及格者列为两分，讨论完后抽同学起来到台上拿麦克风回答。为了避免孩子抱怨，所以在每次分组讨论时，我会到各组旁引导他们，告诉各组的“大将”：因为你有能力，所以要协助其他的组员；另一方面也鼓励各组的“小小兵”们：“你们看，其实你懂，只是需要比较多时间，在你们彼此的互助合作下，你若被抽出来回答，你得到的分数大于其他人呢！多棒！所以你要快点学会”)。

当然，因为孩子没有受过训练，有些学生一拿到讲义，便开始抱怨：好多，我不会，不想看。这时也要很有耐心地跟他们说，快点问问旁边的同学，这时有些学生会头凑过来，指着答案处，请不会的同学画线，然后我就会说：看！隔壁的同学在帮你找答案，这样你们两个就都会了！其实，我更想讲的事情是，看着他们的头彼此贴近，好像全班的向心力也借由同组在那刹那间更加凝聚。因为是刚开始训练，所以在课堂的最后，我也会提醒同学们倾听的重要性，和下次可以改进的地方。

最令我惊讶的是体育班，一直以来我都非常担心，因为他们的基本识字量不够，对课堂也完全没有动力。实作的第一堂开始之前，我的内心莫名恐慌，果不其然，班上成绩最好的学生在我宣布小组得分制时，大声说：老师你竟然还有这招！但我到旁边指导他，告诉他：“你是你们这组最大将，这组就靠你了耶！我相信你们这组一定能最快爬到计分板的最上方，加油！”接着我看见的画面是：被抽出来的同学不会，这个班上的第一名偷偷地用唇语告诉他答案，他并不介意他们并非同组。也有一次，有位同学不肯协助同组伙伴，认为他很笨，每次考试分数都很低，我走过去说：“你觉得别人不如你，那你讲一下你的答案？”这位同学不说话。我问刚刚被骂的孩子：“原本你想说的答案是什么？”说完后，我说：“答对了！你看，其实你会，要有自信，你的答案是对的。”刚刚那位马上说：“好厉害！原来你才是知道答案的。”我也会因为讨论的状况，刻意点刚刚回答得不错的同学，他们会很有自信的讲出答案，我看见的是获得成就感的那种表情和热切回答的心。也正因为每位同学都有事情做，都必须讨论，我发现没有人睡着，因为每个人都沉浸在可以活动的快乐中。

开始做“学思达”后，诚如老师所言，我不占用全班共同的时间讲解和念同学的不是，而是可以一个个走到孩子身边去问、去引导他们不会的地方，也才能更清楚每一位孩子不同的学习困难。但实作的时候也发现一些难点，例如我们实作的第一课是“张释之执法”，孩子有时候就算互助，或猜或讨论，也难以讨论出一些连接词、助词等虚词的意思，所以在上文言文时，我还是会希望帮孩子先打下一点基础。不过，这次的改变让我看见，当孩子不再是“教室的客人”，当孩子知道自己是“对群体有帮助的”，他们的眼神会不同，会发光、会兴奋、会热衷、会执着找出答案、会互相讨论、互相帮忙，这是好的开始。将来，我希望朝着每堂阅读课外读物，一步一步慢慢来，培养孩子阅读的速度。当然，我也要不停地精进我自己的专业知识与能力，我相信长久的累积，假以时日，孩子的成长将是指日可待。

18

伙伴分享：小学自然篇

我的“学思达”翻转经验

高志忠（台中四维小学自然科老师）

作者按：小学老师最适合同时采用“翻转教室”和“学思达”。上课时结合“均一教育平台”的影片自学，同时又用“学思达”教学法上课，两种结合一起上课。最早的典范老师就是新北市龙埔小学施信源、颜美雯老师夫妻档，台中市四维小学高志忠老师也是如此，请看他的翻转经验谈。

辉诚老师：

您好！

先感谢您愿意让我成为facebook好友，让我有机会持续接受“学思达”翻转教育的洗礼。冒昧自我介绍，我在台中市北屯区四维小学服务，目前担任学务主任，教授自然科，行政工作的忙碌，每每让我在教学后充满愧疚感与空虚感，看了您的“学思达”，燃起我的热情，找回我的初衷，身为教师就应该去做对学生学习有帮助的事，充满表面假象的行政事务，不应该占据我太多心思。

跟大多数老师一样，每天读您的《翻转大会报告》是一件很令人期待的事情。约莫两个月前想认真的研究一下翻转教学，于是开始看看大家是怎么做的，竟发现原来翻转已真正形成一股浪潮，而看了“学思达”教学工作坊的影片后，我终于明了这股翻转浪潮真正的推手就是辉诚老师。

一口气看完《翻转教学工作坊》系列影片后，非常敬佩张辉诚老师及叶丙成老师愿意分享自身教学经验及推动改变教育的热心，除了迫不及待马上翻转及“学思达”外，也想贡献一点点力量，推动校内伙伴来改变教育，翻转教学。先分享一下我的翻转模式，除了学习采用“学思达”的模式外，也参考了“均一教育”平台设计给学生的学习网站，将学习材料及补充讲义上传，但小学生无法真正翻转教室，正如同施信源老师最近发表的一篇文章，设备问题、家长观念、下课后的时间分配，因此每周我都利用一节课去电脑教室自学，后两节课进行讨论发表。

辉诚老师提到讨论要成功，重要的是机制。小组分数绑一起，的确是一个很好的方法。我也让小朋友每组评分并要求写短评语，回答的同学则多有变化，包含抽签、他组指定、推派强棒，并启动求救模式（作者按：高老师这些法子都太棒了，有“学思达”的老师们可以学一下），几次下来，看到学生发表讨论，被追问再回答的过程，相当精彩。不过在时间与进度压力下，目前尝试的问题模式，是由自学回答基础问题，并做线上或纸本回答（闯关模式），聚焦到课堂上的核心问题，所以课堂讨论顶多一至二题关键的核心概念问题。

不给鱼吃，给他们钓竿钓鱼，学习如何使用钓竿就很重要了。在学校让他们几次登入学习平台，配合课本等书面资料自学，过程中小朋友总习惯举手问“老师，老师……”，这时就是引导共学与自学的好机会。鼓励同学与小组伙伴讨论，或利用网络自学，就是不给答案，慢慢地也有令人惊讶的成效。如学生在周末晚上十点多上网，不是去游戏或看 facebook，而是上平台去回答问题；或在某节课上台发表得不是太满意，下一节课再上台会出现自行补充的资料，这些都是展现自学的过程。

在讨论与发表过程，辉诚老师的抽签回答方式，让高成就孩子愿意去指导低成就的孩子。另外我还采用了他组指定的方式，这也让小组成员被迫共同学习，因为不知道会抽到谁。如果指定，那低成就孩子一定会被指定（分数绑一起的好处），所以不讨论不思考不协助小组较弱的成员，那小组分数势必受到影响。（作者按：真是太棒了！）

目前较大的困扰是仍有几位同学喜欢独来独往，感觉自己就可以学会，不需要和别人讨论，或仍不习惯自学、仍希望老师引导、仍要老师给答案，他希望不要分组或自己一组。我说可以，分数除以五（目前分五人一组），我另外跟他说你是小组最强棒，你要扛起来，所以目前他是在观望，我也在观望有没有更好的方式引导他。（作者按：是的，要根据自己的教学现场来调整或发明新的机制，然后看看是否可行，如果可行就赶紧分享出来，不可行就再调整！）

前二周适逢期中考，大胆地将考卷检讨也拿来翻转，以小组竞赛方式进行，火花四射，让我惊叹，同时也不禁感叹，与“学思达”相见恨晚啊！

最后，还是想表达自己的感动，看到“学思达”影片那晚，我内心激荡不已。听着辉诚老师充满自信的改变全台教师的雄心壮志，我确信这是可行的，而且比起上头以评鉴方式或口号宣导式的推动有效多了。因为您不是“说”着要大家改变，而是“做”着改变自己，让大家感受之后而改变。我一定要带着伙伴亲临现场观课，感受老师您的魔力。（作者按：我看到有老师翻转成功，我的喜悦比大家看影片的激动心情可能还要高出十倍！）

19

伙伴分享：初中数学篇

我的“学思达”翻转教学模型

陈世斌（新北市五峰中学数学老师）

作者按：本文有世斌老师完整的教学思维与操作技术（自学、思考、表达、分组、作业、引导、提问、合作、竞赛、计分、配套措施等等），具体清晰，简明扼要，其中让学生自创题目、生活分组的概念、PS补充部分和公司经营概念都非常精彩！很值得参考。

一、自学

1. 以康轩版初中数学课本及习作为主要教材，课前事先于联络簿安排学生自学进度，包括：阅读内容、例题报告、类题先做、讨论自创、评量习作等。

2. 辅助教材：鼓励阅读九章数学教育基金会建立的“初级中学数学自学教材”。

3. 线上学习：每周公告“均一”周日前须完成之技能项目或影片，完成者可记优点；未完成者周一开始每天放学后将进行补救教学。十七点半前整组协同教学，十七点半后完成者可离开，留下未完成者自学至十八点才能离开，不过隔天依此继续，直到全部完成为止。

4. 有时考卷（非选择题为主）可让学生预先带回家准备，隔天再带到学校限时作答，培养自学能力；或开放组内讨论，培养分组学习能力。

PS：自学模型的设计策略在于“变”，以多元的鼓励或要求方式来保持学生学习的新鲜感与持续性，以教学的多元样貌来引导学生展现多元的学习创意，目标是能让学生的学习从“被动”慢慢转变为“主动”，即可谓好的自学模型。

二、思考

1. 体察学生可能做错或不懂之观念问题导向，以提问方式引导学生思考并澄清观念。

2. 采异质化分组合作学习，藉彼此互动，以强带弱，增加参与感与学习思考交流。做法是将全班 28 人依段考成绩分成四级（A、B、C、D），由最低分之 D 先选 B（因为 B 负责教 D），B 再选 A（因为 A 是组长），A 再选 C（因为 A 负责教 C），故全班分成七组，每组四人（即每组有 A、B、C、D 各一人）。每次段考后会重新分组。

3. 另外座位的安排请参阅本文附录，没并桌的原因是因为我觉得不需要，反而能让讨论（或强带弱）时须离开座位，增加活动量，且比较符合下课时的常态，也能符合我班级经营“生活分组”的要求。（即组长会对组员教授、示范、指导、常规及作业提醒）

4. 鼓励分享自创题，以课本例题题型为主，举一反三，更提升思考层次。

5. 鼓励于他组报告时提问（可加分），增进报告时台上台下的思考互动，并在聆听报告后举手（给赞），也培养观察评鉴能力。

PS：思考模型的设计策略在于层次，何种问题适合个人？何种问题适合分组？何种问题需要加深（难度）？何种问题需要加广（举一反三）？关键就在于层次。提问的方式有了层次，思考的内涵就具有逻辑，目标是能让学生的思考，从“片段”慢慢提升为“整体”，即可谓好的思考模型。

三、表达

1. 将课本例题采得分制，先抽签交由各组讨论后，派人上台讲解，再由台下全班同学聆听后举手（给赞），一人一分，所以每个人都要专心听讲，若被老师发现不专心者，该组会被扣分。以数学单元一节（例如 1-1）来说，会分成 14 个报告题，并抽签安排两个循环的分组上台演示，即每组都会上台二次，而上台人员不得重复。每单元课本内容都会请学生先预习，类题则先做。利用提问法（加分）可知学生有无预习；而例题讲解完后随即核对类题答案（没做扣分），可知学生类题有无先做。此外课本内容或类题有问题，皆可举手发问，再由教师（或他组抢答）讲解。

2. 表达是一开始就要训练的。以例题两循环而言，先从各组派一人（可重复）报告开始训练，过程都在课堂中老师公开指导，一个月后各组才开始两个人（不可重复）轮流报告，所以到第二次段考时（约三个月后），就已训练出一半的人能上台，接下来就是各组较害羞的另一半学生，采鼓励的方式。（目前朝全班四分之三的人能上台报告为目标）

3. 作业讲解或提问（含试题检讨）采取加分制，即分组抢答方式，若提问抢答成功，该组加 1 分，若能上台讲解题目，则交由全班同学聆听后举手（给赞），不过分数以举手人数 A、B 除以 4；C、D 除以 3 来加分。

4. 试题的讲解，分组可讨论，也可一对一教学（A 教 C；B 教 D；有时 A 需教 B），所以当 A 都不会的题目，才会被提问，因此该组是不能参与抢答或加分的。当然若问得好，问到大家的痛处，或别组也都不会，该组自然还是可以加分的。

PS：表达模型的设计策略在于“教”，也就是老师一定要先教学生怎么表达。以数学来说，解题的步骤本身思维就是具有逻辑、具有层次的，所以教学生上台时能说一步解一步是非常重要的，目标是能让学生的表达从弄“懂”到会“写”，慢慢提升到会“说”且能“教”的地步，即可谓好的表达模型了。

四、配套

1. 本班的班级经营方式是采分层负责的类公司经营模式，导师只是董事长，班长则是总经理，经营思考的层面也应该是永远比学生更高更广的。简言之，导师建立的是愿景、是制度、是道理、是标准化流程，而尽量是不直接介入班级的管理。

2. 建立班级 facebook，让班级的学生、家长、任课老师皆加入社团。每周公布生活常规状况表（即类似个人绩效考核表），每周缴交感恩卡一张（老师收齐盖章后转交被感恩同学），每周分享好文（含学生小记或网文），推动批判式思考阅读等。

3. 成绩计算方式：将笔试、作业成绩皆采计整组平均（笔试成绩），讨论发表、口头问答、均一技能及其他表现皆列入分组竞赛成绩（“学思达”成绩），另外还有“个人态度”及“段考成绩”。原则上将以上四项成绩平均，即为个人的段考平时成绩。

4. 其他未载事项或班级经营实况，欢迎申请加入本班 facebook“2014 五峰 719 班”社群进行观课（可按赞）。不过有任何问题请私讯，除非本班任课老师，切勿于 facebook 上留言。

5. 最后小弟不惭献曝，希望借此模型，能提供给翻转的伙伴们更深层的助益，进而建立出更适合自己班级的翻转教学模型！

五、教室座位表（粗线为分组座位方式，每周固定轮动）

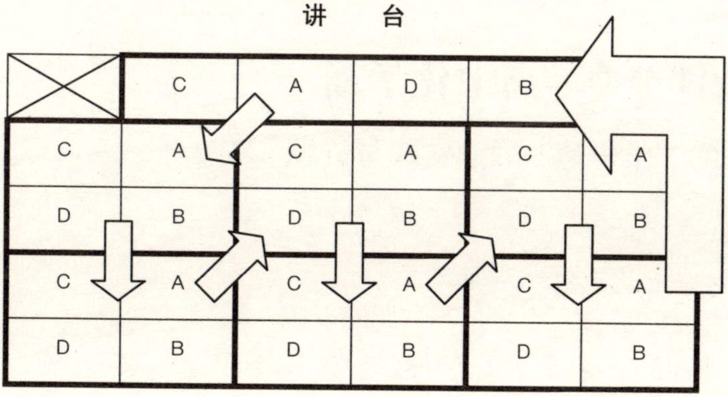

20

伙伴分享：高中化学篇

我的“学思达”教学实践与省思

罗胜吉（台东中学化学科老师）

作者按：罗胜吉老师是台湾地区第一个用“学思达”教学方式最快做到随时开放教室的化学科老师，他毅然决然抛弃多年教学功力所累积精制出来的填鸭讲义，重新编撰讲义，改采以问答题形式为主的“学思达”讲义。他撰写了许多文章，深入反省过去的教学以及新采用的“学思达”教学背后隐微的奥义，非常精彩。此处谨摘录三篇，鼎尝一脔，其美味之旨，可知。

第一篇 写作动机 **提供伙伴观看一场真实的“学思达”教学现场，以及教师之间的交流、回馈与分享。为了能够使学生的学习达到最佳成效，教师需要随时作调整。**

开学日当天，兵荒马乱之际，班上突然来了一位不速之客，仔细一看，竟然是我的老婆！我心想，今天同学完全不想上课，她这堂课来，能看什么呢？但自始至终，我开放教室就不是为着表演，就算乱也许也有些可以学习的地方吧……她找着座位之后，我们就开始上我们的课，她的身旁也有一位她以前教过的学生陪着她。

这堂课是当天这个班的第二堂课。我前一天编写讲义到凌晨，但自觉自己在“自学”部分的安排做得很差，下课后立刻重新编写讲义，希望在下一节课同学能有较好的自学效果。下课后，她对我说，“进行‘学思达’教学真的要很有耐心，否则很容易因为今天同学自学、分组讨论时的那个死样子而大发脾气。”我心想，可不是吗，若不是神的恩与我同在，我怎么可能这样上课呢？

今天在分组讨论结束后，我抽签选取同学回答问题，第一个问题是：“请问你刚刚有和同学进行讨论吗？”那位同学说：“没有。”我再抽第二位，问他同样的问题，他也说没有。第三位、第四位也同样回答没有。我对他们说：“同学们，你们浪费五分钟了！我们再利用三分钟，分组讨论刚刚那两个问题。”分组讨论结束后，我抽签选取同学回答问题，这一次我问那位同学：“请问我刚刚问你们的问题是什么？”他不知道，所以摇了摇头。我再问第二位，这次那位同学才在同学的帮助下勉强挤出答案。

面对这种情形，你会如何处理呢？我基本上没有针对他们的问题处理什么。很多时候我仍在学习一个功课——面对问题，不回应或慢一点再回应，也许是最好的处理方式。经过这两个问题后，虽跌跌撞撞，我们总算回到正常的轨道，进行有关“波义耳定律”的自学活动。虽然他们并不认真，但“学思达”厉害的地方就是我们可以问学生问题：

1.学生答不出来或答错了，就逐渐引导让他们想出答案！

2.学生答对的，还要不断追问，以帮助学生掌握重点、厘清观念、思索更深的难题。

3.最后统整所有的答案，再一次给学生正确解答。

说真的，我从不曾担心课堂的秩序问题，却很担心我没有好的问题可以引导学生。只要我能引导，孩子能回答，让我检视他们的学习成效，那就够好了。我最后也给我太太一些回馈，我对她说：

1.这个学期对我是一个挑战！面对更为艰深的课程（高二下化学，学测不考），如何安排学生的自学活动，真是一大挑战！

2. 哪些问题请同学在座位上回答；哪些问题该提供同学上台表达的机会，也是这学期需要考虑的。

3. 课堂前五分钟大多浪费掉了！我在考虑进行课堂小考，小师傅负责指导，小徒弟负责书写答案，分数则并入“海螺计分”。

她后来也给我一点回馈，她说：“这些概念都很抽象，而那位同学能够这样回答，真的很棒！”

第二篇 写作动机 **虽然“学思达”教学一定会使学生成绩变得更好，但仍提醒伙伴勿被成绩绑架。鼓励伙伴回想自己改变教学方式的初衷，继续进行“学思达”教学。**

学测成绩公布之后，校园中就一直听到同仁说到“有几位同学考到 70 多分，甚至比去年还要多”的谈论声。我们处于现实的教学环境，很难不受这些氛围的影响。我们甚至可能受到考试诱惑，有反应而说出一些消极的话。

我不想凑热闹，我不想因为分数迷失而进行另类的教学法军备竞赛。辉诚老师常在研习尾声，用一张投影片和与会的教师彼此共勉——“让我们一起来用“学思达”改变台湾地区的教育！”这意思是说，我们进行“学思达”教学，从来就不是只为了能够考到 70 多分的同学，相反地我们关心每一个孩子（特别是中、后段程度的孩子），我们在意的是台湾地区整体的教育环境。一位学生能够考到 70 多分，聪明自然不在话下，更重要的是他具备认真、忍耐、有毅力等成功者的性格。这样一位学生就读我们学校，若考不到 70 多分，我们反而要觉得很亏欠，是不是我们学校出了什么问题，影响到他的学习。

那么，资质没那么好，属于中、后段程度的同学，我们该怎么帮助他们呢？

昨天我的数学教师妻子对我说了一段很有哲理的话，她说："你知道怎么让班平均成绩变高吗？很简单，只要'拉拉队'变少就可以了！"亲爱的伙伴，这不是"学思达"最拿手的吗？难怪进行"学思达"教学之后，班平均成绩都会变高，甚至超越其他班许多。因为传统的讲述法容易使中、后学生逃离学习行列，成绩便往下掉，但"学思达"却能有效地帮助这些同学建立自信，并产生学习兴趣。进行一段时间后，中、后段同学的能力变好了，便不再成为"拉拉队"，班平均成绩自然往上蹿升。（作者按："学思达"照样可以让程度好的学生变得更好喔！只要巧妙运用分组和讲义制作就能达到！）

我想转个弯，避免落入追逐分数的圈套。我想说的是我知道每一位师生都很在意成绩，但"学思达"一定能够让学生的成绩变得更好（拉拉队变少的缘故），所以就不需要谈论太多。那么，我们进行“学思达”教学的初衷到底是什么呢？难道只是成绩吗？难道学生的成绩不尽理想，我们就放弃“学思达”，回到传统的讲述法吗？从前学生的成绩不尽理想，我们也未曾放弃过讲述法，不是吗？就我而言，我改变的初衷如下：

1. 我之前的教学其实很呆板，基本上就是“你说我听”。我算是一个很会说教的人，但我的课顶多只有开头 15 分钟很 High，15 分钟过后，我就很难摆脱“你说我听”的沉闷风景。我想摆脱这个！

2. 多年来，我一直对学生进行填鸭式教育。为了帮助学生应付考试，我常在上课时提醒学生画重点，并强调“这会考”。我很不满意这样的教学，难道我的教学只是为了训练学生成为考试机器，却罔顾他们其他的能力吗？

3. 在传统讲述法中，学生只是被动地接受，没有转化成自己的能力。在一次担任高三模拟面试口试委员与学生对话的过程中，我甚至惊觉他们“什么都没有学会”。

然而进行“学思达”教学之后，可说大大改变了以往教学一味“你说我听”的沉闷场景，学生不但觉得上课有趣，并且在课堂中完成所有的学习。以下几点是个人觉得来自教学现场最深的感动：

1. 教师转换成主持人、引导者，学生成为学习主角 ，将学习的主动权还给学生。

2. 小师傅教小徒弟，合作求学问。

3. 教室成为思辨殿堂，带学生与科学对话。

4. 学生没有逃离学习行列，反而精神专注，留在学习行列。

5. 上课就学会，并且熟练。

亲爱的伙伴，谈到这里，你还会这么在意成绩吗？“学思达”可说是百利无一害，既然这样，不妨远离讨论成绩的环境，继续进行咱们的“学思达”教学吧！

第三篇 写作动机 **说明“学思达”教学是达到有效教学最佳的教学方式。说明这学期评分方式的调整，并增加课前小考的原因。提供给伙伴化学科“学思达”教学说明投影片，并鼓励伙伴利用各种方式进行推广。鼓励伙伴试着开放教室，并邀请人来观课，这是推广“学思达”教学最便捷也是最有效的路。**

昨天有一位同学问我一个问题，“老师，现在这个学校是不是只有你在进行翻转教学？”我不知道如何回应他，只好腼腆地对他笑了一下。

我心想，教师若知道“学思达”教学的好，怎么可能不马上改变？

所以问题可能在于我们不知如何向人说明“学思达”教学的好，因此，亲爱的伙伴，让我们先来思考一个最根本的问题：“为什么你要鼓励其他教师进行“学思达”教学呢？”不可否认的是，我们都希望我们的学生学会并学得好，进而取得好的成绩吧！那么，第二个问题：“为什么‘学思达’教学能让学生学会并学得好呢？”个人觉得“学思达”教学能够成就有效教学，最大关键在于学生自学能力的提升，其原因如下。

1. 教师转换成主持人、引导者，学生成为学习主角，将学习的主动权还给学生。

2. 分组讨论时，组员彼此交谈互动，增加参与感与学习乐趣，绝不会从学习中逃走。

3. 借“团分”方式，营造既合作又竞争的学习环境。

4. 借着学习样貌不断地切换，一直维持学生的专注。

5. 提供学生精熟学习的机会。若“阅读课本找答案”是学第一遍，“进行分组讨论”是学第二遍，“和教师的思辨过程”是学第三遍，最后“教师统整所有的答案并再一次给学生正确解答”是学第四遍。同一个概念经过四遍的学习，难道不能学会、无法精熟吗？

其次，我想与伙伴们分享我的操作方式，因为目标确定了（学生能学会并学得好），更需要辅以好的方法来达成这个目标。但请记住，课程本身是主体，“学思达”教学活动是协助学生达到有效学习的一种凭借，切勿反客为主了。

这学期最大的改变在于评分方式的调整，并增加课前小考。

1. 上学期我采用“海螺计分法”，这学期我改用扑克牌计分法，原因在于我想在同学分组讨论时，巡视并进行提问，同学回答后，立即依其表现给予扑克牌计分。

2. 上学期上课钟响后的五分钟，我们大都浪费掉了。这学期将于前五分钟进行小考，小师傅负责指导，小徒弟负责书写答案，分数并入扑克牌计分。

最后，若您担心无法清楚说明“学思达”教学的理论与实务，请试着开放教室，并邀请人来观课，这是最便捷也是最有效的路，辉诚老师也是一直鼓励大家这么做，加油！

21

伙伴分享：高中语文篇

我的“学思达”教学初体验

蔡淑铮（台南新化高中语文老师）

作者按：新化高中校长，是台湾地区第一位提供“公差假”让国文科老师北上中山女高观课的校长。不但坐高铁，还住宿一晚，只为了能让老师接触最新的教学方法，实在太感人了！淑铮老师经过一年的实验之后，终于在今年开放教室了，请看她是如何一路走来！

辉诚老师好：

还记得2013年的9月初，看到您在facebook上公布开放教室的消息，10月观课以后，翻转的力量一直在心中蓄积，在课堂上也开始改变检讨考卷的形式，某些课次或作文以翻转的方式教学，效果也还不错，但心里总是存着跟大家一样的疑问：每一堂课都这么做有可能吗？进度会不会来不及？学生真的能接受吗？程度好的学生有能力，那我的学生呢？

新的学年度，我想解开这些疑惑，在带新高二的这个时机，我开始尝试全面的“学思达”，颠覆了自己十多年的教学方式。暑辅至今大约已经累积七课的翻转经验，在此愿意跟大家分享一些心得，也欢迎大家给我意见。

一、前置作业

暑假期间，我先思考应该如何游说学生以及如何进行整个上课的流程与机制。

第一堂课就这样进行：

1. 分析大考试题

第一节课，先让学生分组（四或五人一组），发下 2010、2011、2012、2013、2014 年的学测、指考语文试题共十份，一组负责一份。试题中我将出现在六册课本中的题目先用荧光笔画线（有些题目只有一个选项是课内的，就只画该选项），请各组算算看课内、课外各占几分，到黑板写下来。

2. 偷偷展开“学思达”

开始问学生，从黑板上的统计表，发现什么？（大家才惊觉原来课外的这么多。）再问那应该如何准备大考？只上课内的够吗？作文占了一半的分数的情况下，该如何培养语文表达的能力？分组讨论，抽签请同学回答。（学生多半是回答多看课外书、多做阅读题本、多练习写作写日记等笼统的答案，当然也有“那就不要读语文了”的没心眼答案。）再问初中基测作文题《面对未来的能力》，大家觉得有哪些？各组讨论三个并上来写在黑板上。

3. 开始洗脑

如果每一节上课，除了课本内容，还能让同学多阅读、多思考、培养大家归纳出来的黑板上的种种能力（表达力、团队合作、抗压），累积一年半或二年，功力一定大增！

4. 介绍接下来的上课模式

整体流程大致上都按照辉诚老师的计分方式，鼓励同学上来发

言。平时考计分方式：考试成绩占 50%，上课讨论分数占 50%（依最后总分排序，大概从 95 到 75 左右）

二、万事起头难

学生部分

因为是新班级，我刻意将他们拆开，不要跟原来认识的同学同组，他们彼此还不熟悉，也不太清楚上课的流程，自学速度还没训练起来，不好意思发表，上台回答又拖拖拉拉、讲不出完整的句子或不讲话，抽了好几组总是答不出重点，甚至还有同学不愿意上台。

老师部分

尚在试探学生程度，一切都还在摸索中，进度一定会比较慢，我的第一课是《岳阳楼记》上了整整两周，心里真的蛮着急的，每上完一节都很想放弃！但是因为已经跟学生说整个学期都要这样进行了，所以硬着头皮还是继续下去。不过到了第二课《范进中举》之后真的开始渐入佳境，这一课的速度就加快了。下一课的《出师表》除了网站上的资料之外，我又自己按照学生的程度，设计了一些题目，因为是自己的逻辑，所以觉得带起来又更轻松更得心应手，感觉学生也开始进入状态。开学后的几课，学生就自然而然地习惯这样的上课模式，发言的状况也更加热烈有自信。

三、具体操作的细节

（一）讲义制作

1. 真的太感谢“学思达”教学平台的整合以及太多老师的分享了，节省许多制作讲义的时间。大部分的讲义我都是集众家精华，然后把觉得太难的删掉，自己也不会的删掉（羞），或修改成自己可以讲解的问题。由于学生程度并非顶尖，有些资料我还会去平台搜索，也都很有收获！各科若能建立起这样共享的平台，老师们在备课时就能更轻松，上课时能更专注在聆听学生的逻辑，解决学生的问题。

2. 在制作讲义时，我会先思考从前上到这段时，会强调哪些重点，接着归类为“基本的形音义、修辞技巧”“文意的理解”，以及“与人生结合的情意阐发”，再来设计问题，用问问题取代讲解。

3. 一开始总想面面俱到，什么都放，导致讲义内容太多。其实还有一些小技巧，就是把几个问题放在同一题中，多几个问号，既可以节省抽学生上来的时间，也可以让学生讨论到你想要他们学的重点。或者就依照学生程度有所取舍，讨论最核心的问题即可。

（二）回家自学

辉诚老师的理想是全部在课堂解决，让学生回家享受家庭生活。一开始我也这么做，但是进度上真的太慢，因此我会视情况，问一下今天回家作业考试多吗？如果还好，就会指定学生回家先读一到两个问题，量不会太多，隔天一上课就可以讨论、上台，可以稍微缓解一下时间的压力。两个班的学生中有一班比较主动，当我巡视甩手聆听时，大部分同学的讲义上都有阅读过的痕迹，有的甚至上网查好写完答案了，这时当然要给予正能量，大大鼓励赞美一番；另一个班比较被动，刚开始我甩手巡视过一遍后，只有极少数有读过，因此我先请组长加少数几个有阅读的同学那组的分数，让那几个少数变成该组的英雄；下一次就找全组都有回家阅读的加分，没有读的就开始会有同侪的压力了。

（三）学生自学时的巡视

自学完后开始有小组交头接耳了，我就会走下去到各组听听讨论的情形。起先学生会害羞，几次之后他们就无视于你的存在了。每组停留时注意讨论有没有偏离主题，可能是我给的问题问得不够清楚，这时就可以个别厘清。听到讨论时出现“我觉得应该是……”“可是我觉得是……”，这时一定要忍住，露出神秘的微笑即可。偶尔我还会加上：“你们当中有对的答案，再想想。”我听到一些不错的答案，但是后来没有抽到那一组，我也会请他们上台说说刚刚讨论的部分。

（四）引导发表

1. 鼓励学生上台发表，我要求他们：上台要先跟大家问好，并介绍自己的组别与号码（这时我会将组别座号写在黑板的左侧，方便组长评分，否则组长手忙脚乱很容易漏掉。这也是第二次去观课后发现的做法），顺便缓和一下紧张的情绪。当他们回答完后，一定要有正面的回馈：“×× 的声音很好听”“×× 讲话很有条理”或“你比上次进步很多耶”“你说出很多我也没想到的观点耶”等等。

2. 有些同学上来讲得不完整，要引导他们把答案说得更精准，这部分是我还要练习的。有时同学会讲得很简短，这时我会请他们用完整一点的句子表达；讲得太冗长的，我有时会怕伤学生的心，不好意思中断他。之前辉诚老师分享的用 50%、80%、100%来告诉学生他的答案还不是很完整，这招也很好用！

（五）课本的部分

很多老师反映：学生认为课本都是空白，没有补充重点。为了让学生安心，更能接受“学思达”，课本还是要有点东西。所以我折中的做法就是要学生在课本的空白处贴一些关于课本中的重点整理（不用抄黑板比较节省时间），有时会留一些空格让他们填空。讲义中一些比较基本的问题（形音义修辞等），我会请他们整理到课本上。整堂课上完了之后，很迅速地带他们看过课本，他们会发现其实整个概念很清楚，根本不太需要讲解。

〔课本写满的迷思：有一年一个学生在考完学测之后的第一堂语文课，很直接地说：“老师，您教的都没有考！”其实当下当然有点小伤心，我们上得如此卖力，课本补充得密密麻麻，却换来一句这样的话！但是从此给了我很大的反省和思考，大考（或离开学校后）重视的是学生的能力，而非课内这些记忆性的东西，所以不要再执着于教一些细琐零碎的知识，而应该着重在训练学生自学、思考、表达，这些带得走的能力！〕

四、学生的回馈

在社群中看到有老师因此很焦虑，甚至有一些学生直接表达很想回到填鸭的教学方式，我觉得暂时不要气馁，可能是还不习惯或是有些细节再调整就可以。我目前暂时不想给他们回馈单，因为有些能力需要长时间才能看出效果，如果当他们还不习惯思考的时候，就立刻给他们写回馈单，很有可能会打击彼此的信心。不过暑辅至今，在与学生闲聊互动中或周记里，摘出一些回馈。

1. 有一些学生主动反映这样的教法真的比较记得住，经过讲义的讨论之后，很多课本的东西都不用背，因为还会记得当时讨论的内容。

2. 甚至有一个开学才转组过来的学生，在上完第一堂语文课后跑来问我："老师，我们以后每一课都要这样上吗？"我说："是的。"他居然露出开心的表情加手势："Yes!"我追问为什么这么高兴，他回答："我觉得这样感觉上课有在动脑，而且印象很深刻。"

3. 学生 A 周记：

在 207 班我觉得比较特别的课是语文，之前的班上都只是老师讲解，遇到重点再补充而已，我从来没有上过让大家分组讨论的课，刚开始看到讲义我有点吓到，不是很确定自己的答案，前两节在讨论时也不是很热衷，但渐渐地也适应了，虽然这种上课方式以前从没体验过，比较不习惯，但我觉得还不错，印象比以前上课时更深刻了！

4. 学生 B 周记：

高二的感觉真的比高一的难度增加许多，尤其是语文课。以前的语文课就是老师上他的，我们就写笔记，是属于填鸭式教学，优点是上课轻松，缺点是想睡觉，没有思考的感觉，课外的都不会。而老师的语文课可以说思考占 80%，讲解占 20%，而且补充的“草药”超多，这种独立思考的教法跟西方国家一样，优点是老师很轻松，思考过的东西就是自己的，可以学到很多课外补充资料，完全不会想睡觉；缺点是学生很辛苦，还要有一定的水准加上肯配合，才能达到一定的效果。虽然刚开始接触这种教法极度不习惯，但是经过了四个礼拜的过渡期，也就慢慢地习惯了。

5. 学生 C 周记：

很喜欢语文现在这种一起讨论的感觉，同学们给出的答案有时完全出乎意料，和自己想的很不一样，也有遇到和自己类似的，就会有种英雄所见略同，然后想深入地去认识这些和自己在价值观上较为相似的人。语文真的是很奇妙的东西，没有标准答案，在课堂上只要符合逻辑概念，也可表达。不像过去的语文，我们的认知就是老师给出来的东西。

五、我的期盼

我原则上就是按照辉诚老师的架构尝试，并依照自己学生的状况微调改进，第一次段考后要尝试“大联盟选秀分组”的方法了。看到好多不同科目老师都能举一反三，创造出属于自己科目的“学思达”，真的觉得大家太厉害了！通过大家无私的分享，一定能感动更多人一起翻转，一起让学生找回学习的热情！

22

伙伴分享：高中语文篇

我的“学思达”周年感言

徐秋玲（台北市第一女子中学语文科老师）

作者按：北一女徐秋玲老师是第一个看到文章、讲义就开始“学思达”的老师（可见她的自学能力有多强大），遇到挫折便开始调整，从未放弃。“学思达”推广一年半，她就已经做了一年，而且意志坚定！她写的“学思达”周年感言，非常精彩！

我原本推“学思达”最早预期的理想对象就是明星高中，结果事实刚好颠倒，先是高职成功、接下来社区高中、然后小学、初中，明星高中反而是最后才渐渐成功。为什么？秋玲老师有很精彩的分析，明星高中和一般学校不同，一般学校的问题在于学生不认真，

明星高中的问题反而是老师太强大、太认真（学生反倒没问题），也就更不容易让出讲台、训练学生。

实施一整年“学思达”教学后，心里觉得很踏实，虽然每一节课难免有面对未知的不安，但也因此要求自己必须做好完整的备课，才有能力对不同学生的状况进行引导与回应。这一学期很高兴有两位同事加入讲义的制作与讨论，透过三个人不同的专长与关注，更能针对学生需要，进行定制化的修正与补强。原本有点儿抗拒的学生，也在一段时日的训练后，感受到事半功倍的效果而欣然悦纳，让我更肯定这种教学法之必要。然而，我也发现以“学思达”从事古典韵文情意教学的限制，以及补充国学常识的困难，是以现代文学的讨论发表效果最佳，古典散文亦可，但在极抽象与极记忆的两种极端领域中，如何活化思考与引领发表，是我犹待努力的目标。（作者按：这是可以办到的，国学常识、应用文统统都可以“学思达”，而且我也已经做好讲义了！）

让出讲台真不是件容易的事，尤其对一些大腕的特级教师而言。他们总觉得不放心，总认为学生不靠老师阐述是无法自行讨论体会的，尤其是情意教育部分。我承认学生的人生阅历有限，他们的领悟确实不如老师深刻，可是若没有认知和技巧的“学思达”，让他们先拥有理解的基础，能够看懂这篇文章，又如何提升至内心的感动与触发呢？更何况老师所分享的深刻情意，纯属老师个人感受，而非来自学生内心的震动。

孩子们的确不能如台上老师般侃侃而谈、声泪俱下或旁征博引，但那始终只能代表老师的强大，就算感染了学生，也只是使学生佩服、赞叹老师的感性或博学，光环还是围绕在讲台上的老师，而非应是学习主体的学生身上，不是吗？我看过众人口中优秀资深的某前辈上课，分组排成的桌椅，只在 50 分钟的课堂上讨论了 1 分钟，且学生完全没有时间到台前发言，因为老师滔滔不绝地讲解着他的丰富投影片，补充着大量他觉得学生不懂而应该懂得的知识。我于是从此幻灭，决定要走出自己的路，感谢“学思达”的前人种树，让我能够在大家分享的讲义中修整乘凉。

在绿园，每个老师都是山头一座，我不过是小小的丘陵，只能努力带着学生翻越与超越传统教学的限制。学习的基础仍要深耕，主动思考、团体讨论与上台发表的能力要继续建立，养成习惯。这儿的孩子不适合分组评分，完全依靠内在求知的驱动力与同侪激荡进行“学思达”，在完全随机分组的情况下，我必须精准掌握哪些组需要更频繁地走动与指引，在有限的课程时间中，我更要能充分掌握进度，让学生信任这种教学方式能使他们免于考试的焦虑。种种不可预测的压力，当然远大于操之在己的个人讲述法，这也是让一些原本有意跟进的老师，在实行一段时日之后，因无法承受课堂上的不确定性而选择放弃。处女座的我，天生是秩序的信徒，然而上升与月亮的牡羊性格，让我愿意试着迎接挑战，挑战来自学生的变动、同事的质疑与自身的不安。所以，我不走安全的路，而要走对的路。

就读小学二年级的外甥女被一板一眼的老师反映上课不专心，但在面对具有难度的课程或提问讨论时，却可以看见她专注思索的眼神。我多么希望他们老师也能采取“学思达”的方式，让小朋友不需要强迫安静坐在位置上听40分钟的课。说话无罪，讨论有理，只要老师设计了与课程核心有关的问题，谁说这样的课堂学不到东西？我相信推广才一两年的“学思达”能风起云涌，不是没有道理的，它拯救的不仅是坐立不安、眼光无神从课堂上逃跑的学生，更是长期以来自我感觉良好，或教学无力、虚应故事的老师。

老师的强大不仅仅是个人优秀的领悟与说解能力，更重要的是让学生有机会变得强大，甚至青出于蓝，那才是身为一名师者的骄傲，也才是提升未来人才力之所在。所以，放下吧！孩子们有自己的情与悟，那是随岁月历练与时俱进的内涵，急不得，亦非谁能挹注。让出讲台，舍弃投影片，减少密密麻麻的板书誊抄，相信学生，相信愿意相信学生的自己，我们愿意改变，学生就会改变，而我们的未来也才可能因此改变！

敬告读者

如何购买《青春第二课：108 位名人的青春历程》

王溢嘉的《青春第二课：108 位名人的青春历程》由上海三联书店出版，有兴趣的读者可从实体书店、网上书店购买，团购或个人邮购可致电 13965143481 详询。欲了解详情，请扫描下面的二维码。